10대를 위한

직장의 세계

스토리텔링연구소 지음

2 방송국

(주) 삼양미디어

머·리·말

"인간은 사회적 동물이다"라는 말을 한 사람이 아리스토텔레스(Aristoteles)라고 흔히 알고 있지만, 아리스토텔레스는 "인간은 정치적 동물(zoon politikon)이다"라고 말했습니다. 그러나 이 말 역시 결국 인간이 사회의 자식이며, 사회 공동체의 형성자라는 것을 뜻합니다.

사회적 동물(social animal)이란 인간이 개인으로서 존재하고 있어도 세상에 오직 혼자만 존재하는 것이 아니라, 끊임없이 타인과의 관계 속에 존재하고 있다는 생각에서 나온 용어입니다. 즉, 개인은 사회 없이는 존재할 수 없다는 것입니다.

앞서 만든 〈10대를 위한 직업의 세계 시리즈〉는 다양한 진로, 진학, 적성, 취향 검사 방법 중에서도 세계적으로 가장 큰 공신력을 가지고 있고 한국에서도 가장 많은 검사 장소(온·오프라인)를 보유하고 있는 홀랜드 기법의 권위와 보편성에 바탕을 두고 기획하고 집필·개발하였습니다.

홀랜드 기법을 통해 보편성에 내 적성을 맞춰보고, 또 오랫동안 살아남은 직업을 들여다보면서 내 진로를 택하는 것에는 큰 무리가 없습니다. 그러나 직업이란 것이 앞서 말한 것처럼 개별적으로 존재하는 가치나 독단적 행위나 방법이 아니라, 집단과 개인, 조직과 개인, 사회와 개인, 더 나아가서는 국가와 개인의 결합 구조를 가지고 있다는 점을 들여다봐야 합니다. 이 말은 내가 어떤 직업을 가지고 있다는 것은 유사한 직업의 또 다른 개인, 관련성 있는 직업의 또 다른 개인과 상호 접촉하는 교집합의 세계를 공유하고 있다는 말입니다.

결국 직업이란 경제적 목적과 자아 실현을 이루기 위해서 개인과 개인, 개인과 집단이 교집합을 이루고 상호 유기적으로 움직이는 사회생활의 방식입니다. 그래서 우리는 흔히 자신의 직업을 말할 때 "무슨 일을 한다"라고 말하기도 하지만, "어디에서 일한다"라고 말하기도 하는 것입니다.

하지만 지난 20년간의 청소년 진로 관련 책자 어디에서도 '어디에서 일한다'는 것을 근거로 책을 출간한 경우는 없었습니다. 해당 분야, 관련 분야, 대학의 학과 및 계열에 따른 분류가 있었지만, 어디에서 일한다는 직장을 근거로 한 책은 찾을 수 없었습니다.

〈직장의 세계〉는 여기에 방점을 두었습니다.

우리가 학교를 졸업하고 사회생활을 위해서 택하는 것은 직업이지만, 그 직업이 살아 움직이는 공간은 결국 직장입니다. 과거의 모든 직업과 진로 관련 책은 단지 어떤 나무가 되는 법에 대한 것만을 들여다보았지, 숲에서 한 그루의 나무로 살아가는 법을 알려주지는 못했습니다.

최근 인문학의 새로운 붐은 바로 이런 인간과 인간의 이해와 관계 설정에 대한 부족함과, 사회생활에서 만나는 개인과 집단의 불편함을 해결하려는 자연 발생적 기현상이라고 보아도 좋을 것입니다.

전작인 〈10대를 위한 직업의 세계〉가 결국 개인의 직업(業)이 가진 깊이에 대한 논의였다면, 이번에 제안하는 〈10대를 위한 직장의 세계〉는 그런 다양한 직업이 함께 어울려 살아가야 하는 넓이와 그물망 같은 연결의 시냅스, 곧 장(場)의 이해를 돕는 책이 될 것입니다.

– 스토리텔링연구소 〈이야기는 힘이 세다〉

차 · 례

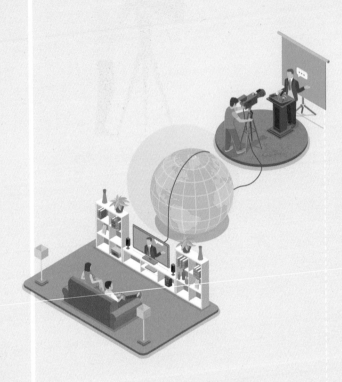

I 방송 산업 이야기

III 국내 방송사의 탄생과 성장, 변화와 미래

IV 방송과 방송국에서 볼 수 있는 직업들

차 • 례

V 어떤 직업들이 방송국과 연결되어 있을까?

사람들의 가장 흔한 볼거리·오락거리가
되어 주는 TV와 라디오 방송. 이런 방송
프로그램들은 어떻게 만들어져 우리에게
전달될까?

또 방송국은 어떻게 구성되어 있을까?
방송국 조직과 방송 산업 규모에 대해서
살펴보자.

I 방송산업 이야기

Broadcast

01
방송국 이야기

1. 방송국이란?

방송국은 라디오나 텔레비전의 프로그램을 만들어 소리나 화면으로 방송을 하는 곳이다. 방송국은 예능·스포츠·드라마 등을 통해 사람들에게 즐거움을 주기도 하고 뉴스나 다큐멘터리 등을 통해 세상의 형편이나 지식을 알려 주기도 한다.

방송국은 운영 주체에 따라 국가가 운영하는 국영 방송국, 공공기업체나 공공 기관에서 운영하는 공영 방송국, 민간이 운영하는 상업(민영) 방송국으로 나뉜다. 우리나라는 방송의 공익성을 높이고, 일부 개인이나 기업의 방송 및 언론사의 독점을 방지하기 위해 방송사의 지분을 개인이나 영리 단체가 얼마 이상 소유할 수 없도록 제한하고 있다.

간단히 대한민국 방송 역사를 살펴보면 다음과 같다. 우리나라 최초의 라디오 방송국은 1927년에 일본인에 의해 세워진 경성방송국이며, 우리나라 최초의 상업 방송이자 텔레비전 방송은 1956년에 세워진 HLKZ-TV다. HLKZ-TV(종로방송)는 운영난을 겪던 중 1957년 5월 한미 합작으로 설립된 대한방송주식회사(DBS)가 운영권을 인수하였으나 1959년 2월 화재로 소실되었다. 그 후 1961년 국영 KBS-TV가 설립되었고, 1964년 12월에는 TBC-TV가, 1969년 8월에는 MBC-TV가 개국했다.

2. 방송국의 종류

(1) 국영 방송국

국영 방송국은 국가에서 직접 관리·운영하는 방송국을 말한다. 유럽처럼 작은 나라들이 모여 있는 지역에서는 한 나라에서 자유롭게 이용할 수 있는 전파의 수가 극히 제한을 받는다. 따라서 제한된 전파를 사용하여 국민에게 골고루 방송의 혜택을 주기 위해서는 국가가 직접 방송을 경영하는 편이 나으므로 유럽, 특히 동유럽 여러 나라에서는 국영 방송으로 운영하는 나라가 많다. 이에 비해 동남아시아와 아프리카 등지에서는 국가 이외에는 방송을 경영할 만한 능력이 없어서 국영 방송국을 운영하기도 한다. 우리나라의 KBS도 1973년 한국방송공사 설립 이전에는 국영 방송국이었다.

(2) 공영 방송국

공영 방송국은 방송의 목적을 영리에 두지 않고 공공의 복지를 위해 운영하는 방송을 말하며, 공공 방송국이라고도 부른다. 이와는 달리 기업체가 이윤을 목적으로 일정한 대가를 받고 운영하는 방송을 상업 방송국 또는 민영 방송국이라 한다.

우리나라의 KBS(한국방송공사), MBC(문화방송), EBS(교육방송), 영국의 BBC(영국방송협회), 일본의 NHK(일본방송협회), 호주의 ABC(호주방송위원회), 캐나다의 CBC(캐나다 방송협회) 등이 공영 방송국이다.

(3) 상업 방송국

상업 방송국은 영리를 목적으로 한 방송국으로 민간 사기업이 경영 주체가 되는 경우가 많아서 민간 상업 방송국 또는 민영 방송국이라고 한다. 상업 방송국은 1920년대 미국에서 시작되었으며, 아직도 미국에서는 지배적인 방송 사업 형태이다. 하지만 미국식 상업 방송에서는 방송을 독점하여 영리를 추구하는 문제점과 시청률에만 치중하는 프로그램 편성에 따른 문제점이 지적되고 있다. 그리하여 영국·오스트레일리아·캐나다·일본 등지에서는 공영 방송과 상업 방송을 적절히 병존시켜 그 폐단을 억제하고 있다. 우리나라의 경우에는 1981년 이후 상업 방송도 공공성을 높인다는 명분 아래 실질적으로 공영 방송으로 전환되었다. MBC 문화방송은 서울이나 지방사가 모두 주식회사이고, 수입원을 광고료에 의존하므로 상업 방송과 비슷하다. SBS도 MBC와 마찬가지로 수입원을 광고료에 의존하고 있다. 그러나 개인이나 영리 목적의 단체가 방송사의 주식 또는 지분을 일정 부분 이상 초과할 수 없도록 규제한 법규가 있어 소유나 운영 면에서는 영리성이 배제되어 있다. 또한 KBS 한국방송공사와 MBC, SBS는 광고 방송을 하더라도 판매 업무는 한국방송광고진흥(KOBACO)공사가 대행함으로써 공공성이 높아졌다.

3. 방송국의 조직

방송국의 조직은 크게 편성·제작 부문, 보도 부문, 기술 부문 등으로 이루어져 있다.

편성·제작 부문은 프로그램을 기획하고, 방송 순서를 정하며, 제작을 담당하는 핵심적인 역할을 한다. 편성 부문은 제작물의 종류에 따라 다시 교양 부문과 예능 부문으로 나뉜다. 교양 부문에서는 사회·정치·경제·문화 등에 관한 토론, 기타 국민 생활에 필요한 교양물의 제작을 담당한다. 예능 부문에서는 쇼·드라마·영화·코미디 등의 프로그램을 제작한다. 또한 정해진 시간에 정해진 프로그램과 광고물, 기타 공지사항 등을 송출하는 운행 부문도 편성 부문에 속해 있다.

보도 부문은 국내외 뉴스 및 소식을 다룬다. 각종 뉴스에 대한 직접적인 보도 외에 그때그때 필요한 시사 해설도 취급한다. 기자를 두어 독자적인 취재망을 구성하고 있는데, 통신을 통하여 내신·외신을 받는 한편 주요 외국에 특파원을 보내 취재와 보도를 하고 있다.

기술 부문은 프로그램 제작 및 송출에 필요한 모든 기술적 지원을 한다. 오디오·비디오·조명·카메라·조정 등의 업무를 담당한다. 방송은 기술적인 지원 없이는 제작 및 송출이 불가능하므로 기술 부문은 방송국에서 중요한 위치를 차지한다.

그 밖에 미술·효과·합창·무용 등의 전속 단체, 프로그램을 윤리 기준에 따라 심의하고 시청 실태를 파악하는 심의 조사 부서, 방송국 및 방송되는 프로그램을 널리 알려 홍보하는 홍보 부서 등이 있다. 그리고 방송국의 전반적인 시설, 인적 자원 등을 관리하는 관리·행정 부문이 있다.

4. 전파에 따른 다양한 방송

방송국에서 만들어진 프로그램은 전파를 통해 각 가정에 전달되는데, 전파를 보내는 방식에 따라 지상파 방송, 케이블(유선) 방송, 위성 방송 등으로 나뉜다. 먼저 지상파 방송은 방송국에서 완성된 프로그램을 전파 신호로 바꾸어 내보내면 중계소(중간에서 양쪽을 이어 주는 곳)나 송신소(유선·무선 전신의 송신을 맡은 기관)에서 받아 다시 전파를 각 가정의 안테나로 보내고, 이 전파 신호가 영상 신호로 바뀌면 텔레비전 화면을 통해 우리가 영상을 볼 수 있게 되는 방식이다. 케이블(유선) 방송은 지상(공중)의 전파 대신 전깃줄과 같은 케이블을 이용한다. 그래서 더욱 깨끗한 화면을 볼 수 있다. IPTV(Internet Protocol Television)는 초고속 인터넷망을 통해 제공되는 양방향 텔레비전 서비스로, 시청자가 자신이 편리한 시간에 보고 싶은 프로그램만 선택해서 보거나 돌려 보기가 가능하다는 점이 일반 케이블 방송과 다른 점이다. 위성 방송은 우주에 떠 있는 인공위성과 전파를 주고받는 방식을 이용한다. 세계 여러 나라의 방송국에서 인공위성으로 전파 신호를 보내면, 인공위성이 각 가정의 안테나로 신호를 보내는 방식이다. 이 방식을 통해 사람들은 먼 외국에서 일어나는 일도 쉽고 빠르게 볼 수 있고, 위성 DMB를 통해 달리는 자동차 안에서도 텔레비전을 시청할 수 있다. 한편 흔히 '종편'이라고 부르는 종합 편성 채널은 앞서 말한 케이블 TV와 위성 방송, IPTV 등을 통하여 뉴스·드라마·교양·오락·스포츠 등 모든 장르를 방송하는 채널을 뜻한다. 모든 장르를 편성한다는 점에서는 지상파와 같으나, 송출에 있어서 케이블 TV나 IPTV 등을 통해서만 송출하기 때문에 가입한 가구만 시청할 수 있다는 점이 다르다.

5. 방송시장의 산업 규모

방송시장은 2016년 말을 기준으로 방송사업 매출액 15조 9,000억 원이고, 약 420개 내외의 사업체에 종사자 수는 약 4만 명으로 파악되었다. 방송시장의 규모와 내용을 살펴보면 방송시장이 어떻게 이루어졌는지를 알 수 있다.

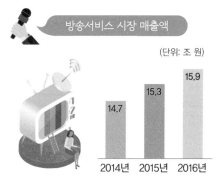

방송서비스 시장 매출액

(단위: 조 원)

※ 출처: 2016 방송통신위원회 연차 보고서

 방송시장 개황(2014기준)

구 분	사업자 수	종사자(명)	매출액(원)	방송사업 매출(원)	유료가입자(명)
지상파방송	53	14,365	4조 5,496억	4조 49억	–
지상파DMB	19	103	110억	104억	–
종합유선방송	92	4,692	3조 4,018억	2조 3,462억	1,461만
중계유선방송	65	151	65억	31억	9.7만
위성방송	1	320	6,228억	5,532억	426만
IPTV	3	645	1조 4,984억	1조 4,984억	1,086만
방송채널사용	181	14,339	13조 9,558억	6조 3,067억	–
홈쇼핑PP	6	4,527	4조 8,434억	3조 4,438억	–
일반PP	156	9,214	5조 5,626억	2조 6,303억	–
데이터PP(DP)	19	598	3조 5,498억	2,326억	–
합 계	414	34,615	24조 459억원	14조 7,229억원	2,983만

※ 주) PP: 방송채널사용사업자(Program Provider)

아울러 다양한 방송시장의 사업 실태를 주요 방송 산업 지표 추이를 통해 살펴보면, 최근 3년간 방송사업 매출, 유료방송 가입자, 수출 총액은 증가하였으나 종사자 수와 제작·구매비용은 감소하는 결과가 나왔다.

 주요 방송 산업 지표 추이(2011~2014)

※ 주) ( )는 전년 대비 증감률.

구 분	2011년		2012년		2013년		2014년	
종사자(명)	32,443	(8.6%)	33,888	(4.5%)	34,714	(2.4%)	34,615	(−0.3%)
방송사업매출(원)	11조 8,567억	(13.6%)	13조 1,984억	(11.3%)	14조 347억	(6.3%)	14조 7,229억	(4.9%)
유료가입자(단자)	24,286,901	(4.0%)	25,260,078	(4.0%)	27,762,285	(9.9%)	29,826,754	(7.4%)
수출 총액(달러)	2억 335만	(18.9%)	2억 1,699만	(6.7%)	2억 8,776만	(32.6%)	3억 1,381만	(9.1%)
제작·구매(원)	2조 1,668억	(18.0%)	2조 9,044억	(34.0%)	2조 5,851억	(−11.0%)	2조 5,401억	(−1.7%)

방송사업의 사업자들을 분석해 보면 전체 방송사업자 수는 감소 추세를 보이고 있다. 지상파방송은 DMB 방송사가 신설된 2010년 이후에는 변화가 없다. 방송 채널 사용 사업자 수는 인수합병과 사업 중단으로 2013년 188개에서 2014년 181개로 감소했다. 종합해서 살펴보면 종합 유선방송은 인수합병으로 사업자 수가 감소하였으며, 중계 유선방송은 인수합병, 사업철수 등으로 감소 추세이다. 위성 DMB가 2012년 8월 말 사업을 종료하여 위성방송 개수는 1개로 감소했다. 전체 방송사업 사업자 중 방송 채널사용 사업(43.7%)과 종합 유선방송(22.2%)이 높은 비중을 차지하고 있음을 알 수 있다.

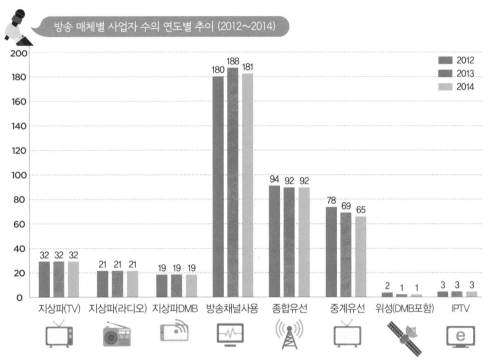

방송 매체별 사업자 수의 연도별 추이 (2012~2014)

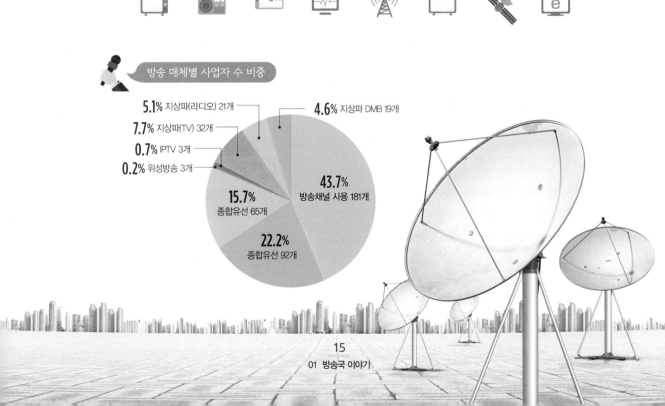

방송 매체별 사업자 수 비중

5.1% 지상파(라디오) 21개
7.7% 지상파(TV) 32개
0.7% IPTV 3개
0.2% 위성방송 3개
4.6% 지상파 DMB 19개
43.7% 방송채널 사용 181개
15.7% 종합유선 65개
22.2% 종합유선 92개

세계 각 나라의 상황에 따라 다르게 발전
해 온 방송국을 살펴보면 대한민국 방송
산업의 미래를 그려 보는 것도 가능할 것
이다.

과연 세계 각국을 대표하는 유명 방송국
은 어디에 있으며, 유명 방송국들은 어떤
특징이 있을까?

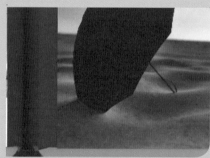

Company

Broadcast

II 세계의 유명한 방송국

01

세계 최대, 영국의 국영 방송 BBC

1. 영국의 BBC 방송국은?

BBC(British Broadcasting Corporation, 영국방송협회)는 영국의 국영 방송이자 세계 최대 방송국으로 본사는 런던에 있다. 1922년 존 리스와 굴리엘모 마르코니를 비롯한 몇몇 무선 통신업자들에 의해 창설되었다. 이후 1927년 공영 방송사로 거듭난 BBC는 라디오 방송을 시작으로 1936년에 텔레비전 방송까지 확장했다. 그 후 1954년 상업 방송이 설립되기 전까지 영국의 텔레비전 방송을 독점했다.

초창기에 BBC를 발전시킨 사람은 존 리스이다. 1927년부터 1938년까지 사장을 지내면서 영국 전역에 라디오 방송을 실시했고, 1936년에는 세계 최초로 고선명도 텔레비전 방송 시행을 주도했다. 영국의 텔레비전 방송은 제2차 세계대전 동안 중단되었다가 1946년에 재개되었다. BBC는 1967년 유럽에서 최초로 컬러텔레비전 방송을 도입했다. 방송을 단순히 오락의 수단으로만 보지 않고 국민의 가치와 열망을 형성하는 힘으로 보았던 존 리스의 공영 방송관은 영국에서는 물론 다른 나라의 방송국에도 영향을 미쳤다.

BBC는 광고 방송이나 광고주의 후원으로 제작한 프로그램을 방송할 수 없으며, 시사 문제 및 공공 정책 문제에 관한 독자적인 견해의 발표를 삼가고, 논쟁이 될 만한 주제를 다룰 때는 공정성을 유지하도록 노력한다. BBC의 프로그램 편성 사업은 내무부 장관에게 제출되어 의회의 심의를 받아야 하고 기술, 재무, 프로그램, 전파 규제, 수신료 결정 등에서 정부의 규제를 받지만, 일상의 방송 업무는 정부로부터 독립하여 운영한다.

2. BBC만의 색다른 경영과 재정 정책

BBC는 텔레비전과 라디오 시청자들이 내는 시청료로 대부분의 재정을 충당한다. 우리나라의 공영 방송인 KBS 수신료와 비교하면 8배 이상을 거두고 있는데, 전체 BBC 수입의 75% 수준에 이른다. 그 밖에 수입의 20%는 다큐멘터리 등 품격 있는 프로그램을 영국은 물론 전 세계 각지에 판매하여 마련하고, 5% 정도는 정부의 지원을 받는다. 참고로 BBC는 세계에서 프로그램 수출을 가장 많이 하고 있다.

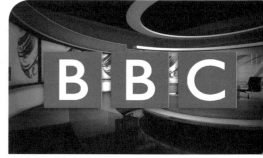

BBC는 정치적 독립성과 안정성, 공정하고 품격 있는 방송으로 그 명성이 높다. 특히 제2차 세계대전 당시 공정한 전쟁 상황 보도는 BBC의 신뢰를 더욱 높였다. 또한 근래에는 영국의 이라크 전쟁 참전 결정 시 BBC 사장이 수상인 토니 블레어의 친구였고, 그로부터 임명받았음에도 불구하고 참전을 반대하여 정치적

으로 당당히 대립했다. 영국 정부 또한 방송법상으로는 프로그램 중단 명령을 내릴 권한이 있었으나, 중단 명령을 내리지 않았다. 영국 정부가 BBC의 방송을 중단하도록 한 것은 '전쟁 오보 사건'을 다루었을 때 단 한 차례뿐이었다. 또 국가 위기 시 정부 홍보물보다 BBC 프로그램에 더 의존한다는 영국의 시청자들과 다이애나 왕세자비의 사건을 비련의 죽음으로 승화시킨 것은 BBC만의 색깔이라고 할 수 있다.

BBC는 품격 있는 방송으로 자리매김하고 있을 뿐만 아니라 탄력적인 경영 전략으로

도 유명하다. 물가의 변동에 알맞게 수신료를 조절하는 정책과 함께 상업화, 글로벌화, 지상파 다채널, 멀티 플랫폼 전략 등의 다양한 경영 전략으로 세계 방송계를 주름잡고 있다. 1990년 이후 위성 방송의 등장으로 방송 환경이 글로벌화, 다채널화로 전환됨에 따라 BBC는 해외 진출을 적극 시도해왔다. 이를 통해 '영국을 세계로, 세계를 영국으로 (Bringing the UK to the world and the world to the UK)'라는 BBC의 목표를 실천하고 있다.

2007년 이후 BBC는 지상파 디지털 전환 정책을 선도하면서 종래의 2개 채널(BBC 1, 2)에서 8개 채널로 확대하였다. 추가된 6개 채널에는 의회방송도 있지만 대부분은 유아는 물론 10대, 청소년 등 미래 세대를 위한 채널이다. 이것은 기존의 주 시청자인 노인층은 물론 전 세계의 청소년층 시장을 개척하기 위한 것으로 보인다.

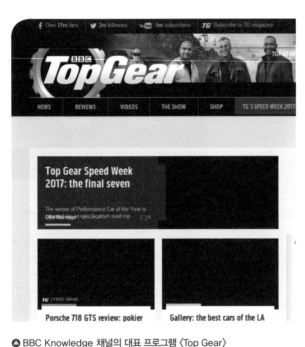

▲ BBC Knowledge 채널의 대표 프로그램 〈Top Gear〉

3. 세계적인 규모의 뉴스와 다큐멘터리

세계 최초의 공영 방송인 BBC는 영국을 포함한 전 세계 사람들에게 뉴스와 다큐멘터리 등 고급 방송 서비스를 전달하는 것을 목표로 삼고 있다. 전통적으로 BBC는 뉴스와 다큐멘터리 프로그램에서 양적·질적으로 그 수준을 인정받아 왔다. 또한, 각종 수상 경력을 갖춘 다큐멘터리와 시사 부문에 강한 프로그램 제작 능력도 갖추고 있다. 오랜 역사를 통해서 BBC는 정치적·사회적 상황의 변화에도 흔들리지 않고 공영 방송의 정체성을 확립하기 위해 부단히 노력해 왔다.

그 직접적인 결과물이 〈BBC 월드〉나 〈BBC 뉴스24〉이다. BBC 월드는 1994년부터 위성을 통해 전 세계 144개국에 송출하는 국제 채널이다. 1997년에 개국한 BBC 뉴스24는 영국 자국민을 대상으로 하는 채널로 하루 24시간 내내 뉴스 방송을 진행한다. 이런 뉴스가 가능한 것은 2,000여 명의 저널리스트와 200여 명의 해외 특파원, 영국 전역과 전 세계 50여 개 나라에 지부가 있기 때문이다.

　BBC의 해외 진출은 단순히 영국 문화의 해외 전파와 BBC의 브랜드 가치 제고에만 중점을 두지는 않는다. 자국 내에서는 수신료를 재원으로 하고 있지만, 해외에 진출하는 BBC의 콘텐츠를 통해 추가적인 수익원도 개발하는 등 BBC의 수익 구조 다변화에 기여하고 있는 것이다. BBC는 이미 1988년부터 BBC WorldNews를 유럽과 미국에 송출했으며, 1991년 10월부터는 아시아에도 진출했다. 현재 200여 개 국가에서 케이블 TV와 위성 방송을 통해 BBC WorldNews를 시청할 수 있다. BBC는 1994년에 해외 사업을 담당하는 BBC Worldwide라는 상업 목적의 자회사를 설립했다.

　BBC Worldwide는 방송 프로그램뿐만 아니라 채널 송출, 프로그램 포맷 수출, 외국 방송 사업자와 공동 제작 등 다양한 방식으로 해외에 진출한다. 방송뿐만 아니라 서적, 컴퓨터 게임, 장난감 등의 판매를 통해 시너지를 극대화하여 수익원의 다양화 및 수익의 극대화를 추구하고 있기도 하다. BBC Worldwide는 사업적으로도 성공하여 전체 BBC 수익의 25%를 상회하고 있는 것으로 알려지고 있다. 참고로 2011년 BBC 전체 수입 약 50억 파운드(한화 약 9조) 중 수신료 수입이 35억 파운드이고, BBC Worldwide를 통해 해외에서 거두어들이는 수입이 15억 파운드가량으로 알려져 있다.

　BBC Worldwide의 매출에 가장 많은 영향을 미치고 있는 채널은 BBC Knowledge 이며, 이 채널의 대표적인 프로그램으로는 〈Top Gear〉와 〈Deadly 60〉을 들 수 있다. Top gear는 1977년부터 제작된, 30년이 넘는 역사를 자랑하는 BBC Knowledge 최고 인기 프로그램이다. 현재 전 세계 30여 개 나라, 20억 시청자들의 사랑을 받고 있으며, 해당 프로그램 포맷을 수출하고 있다. 여기에 더해 잡지(Top gear magazine), 게임 (Top gear on-line game), 캐릭터 상품(티셔츠, 모형 자동차, 시계 등), DVD 판매 등 하나의 영상콘텐츠로 다양한 가치를 창출해 내는 OSMU(One Source Multi Use) 전략을 충실히 수행하고 있다.

02
미국 방송계의
리더 NBC

1. 견고한 브랜드 이미지의 NBC 방송국

NBC(National Broadcasting Company)는 1926년 설립된 미국에서 가장 오래된 방송국으로 본사는 뉴욕에 있다. 컬러 방송과 녹화 방송을 시행한 최초의 방송사이기도 한 NBC는 ABC, CBS 방송국과 함께 미국 라디오 · 텔레비전의 전국 네트워크를 가지고 있다. 5개 텔레비전 방송국과 8개 AM · FM 라디오 방송국을 소유 · 운영하며, NBC 필름회사도 소유하고 있다.

NBC는 1926년 뉴욕의 월도프 아스토리아 호텔의 연회장에서 열린 갈라쇼를 4시간에 걸쳐 중계하면서 방송을 시작하였다. NBC의 설립은 미국전화전신회사(AT&T), 웨스팅하우스전기, 미국 라디오공사(RCA)라는 세 회사의 협력하에 이루어졌고, 1930년 RCA가 지분을 모두 확보했다.

NBC는 레드(red) 네트워크와 블루(blue) 네트워크라고 하는 두 계통의 전국적 네트워크를 운영하며 업계 선두가 되었고, 1939년 텔레비전 정규 방송을 시작하였다. 하지만 NBC의 방송 독점이 문제가 되었다. 동일인이 복수의 전국 네트워크를 소유하지 못하게 되어 있었기에 NBC는 블루 네트워크를 처분하게 된다. 이것이 후에 가족주의 오락 채널인 ABC 방송사가 되어 오늘에 이르고 있다. 1986년에 제너럴 일렉트릭이 인수했다가 2013년에 완전히 손을 떼서 지금은 컴캐스트-NBC 유니버설이 소유하고 있다.

NBC는 첫 컬러텔레비전 방송을 실행하는 등 기술 개발에 힘썼고, 비디오테이프프로 최초로 녹화 방송을 한 기록을 가지고 있다. NBC는 이런 기술적인 성과를 바탕으로 텔레비전 방송에서 다양한 프로그램을 선보였다. 이른 아침 뉴스, 늦은 밤의 토크 쇼, 인터뷰 방송, 뮤지컬 중계, 장편 영화 방영, 미니 시리즈 기획 등 이전에 없었던 새로운 형식의 프로그램을 속속 개발하여 인기를 얻었다.

1980년대 후반에는 대중적인 인기를 모은 프로그램과 미니시리즈를 연달아 발표했다. 대표적인 작품으로 〈코스비 쇼〉, 〈프렌즈〉, 〈법과 질서〉, 〈웨스트 윙〉 등이 있다. 1990년대 이후 NBC는 비즈니스 중심 방송인 CNBC 채널(NBC와 다우존스가 합작으로 운영)과 MSNBC 채널(마이크로소프트사와 합작회사) 등을 통해 케이블 TV에서 상당한 입지를 구축했으나 2010년 이후에는 뉴스 이외의 시청률이 저조한 상황이다.

하지만 뉴스만은 절대 강자의 자리를 놓치지 않고 있다. NBC의 저녁 메인 뉴스 〈NBC 나이틀리 뉴스〉는 평균 950만여 명의 시청자를 확보하면서 줄곧 선두를 지켰고, 아침 뉴스쇼인 〈투데이〉는 텔레비전 역사상 가장 긴 13년 동안 경쟁 프로그램들을 제치고 선두를 지키고 있다. 일요일 뉴스 프로그램인 〈미트 더 프레스〉 역시 선두를 지키고 있다.

2. 새로운 방송 형식에 앞장서다

NBC는 전통적으로 CBS와 ABC에 비해 다소 젊은 이미지를 시청자들에게 주기 위해 노력해 왔다. 스포츠 분야에서는 선데이 나잇 풋볼, 올림픽 미국 내 독점 중계, 아이스하키 리그 NHL 중계, 골프에서 PGA 골프대회의 주말 라운드 및 PGA 플레이어스 챔피언십, 4대 메이저대회 중의 하나인 브리티쉬 오픈 골프 중계, 잉글리쉬 프리미어 리그 독점 중계 등으로 유명하고, IOC로부터 2032년까지 미국 내 동·하계 올림픽 중계권을 획득했다.

1980년대 이후 NBC는 NBA 농구와 올림픽을 앞세워 스포츠 부문에서 독보적인 위치에 올랐다. 1980년대 매직 존슨과 래리 버드의 쇼를 전국적으로 방송했고, 농구천재

　　마이클 조던에서 정점에 이르는 NBA를 세계 최고의 스포츠 브랜드로 만들어 중계권료와 함께 막대한 광고 수익을 거두었다. 이후 NBC가 올림픽 중계권을 확보한 것은 텔레비전 스포츠의 선두 주자라는 지위를 강화할 수 있다는 판단에서였다. 이처럼 NBC는 선택과 집중을 통해 전국 네트워크의 선두 주자 자리를 확고히 굳히는 데 주력했으며, 이 같은 성공에는 항상 새로운 것을 추구하는 NBC의 정신과 자세가 큰 역할을 했다.

　　한편으로 NBC는 드라마와 시트콤 부문에 집중하기도 했다. 매해 다른 네트워크를 압도함으로써 확실하게 어필하고자 했다. 1989년부터 1998년까지 9시즌 동안 방영된 시트콤 〈사인펠드(Seinfeld)〉는 당시 NBC 전체 수익의 3분의 1을 벌어들일 만큼 높은 시청률을 기록하기도 했으며, 지금까지 가장 영향력 있는 시트콤 중 하나로 여겨지고 있다. 이후 1994년부터 2009년까지 방영(15시즌 331개 에피소드)된 의학 드라마 〈ER〉은 우리나라에서도 SBS와 KBS에서 1997~2000년까지 방영되었다.

　　그러나 현재는 다소 주춤한 상태이다. CBS가 NBC와 유사한 브랜드 전략을 추구하여 성공을 거두었고, 주 시청자를 10~20대로 삼고 있는 폭스 네트워크(폭스 채널 포함) 등이 인기를 얻고 있어 상대적으로 젊은 이미지로 전략적 우위를 점하고 있던 NBC가 시청자를 빼앗겼기 때문이다.

Broadcast

03
미국을 대표하는 CBS

1. 세계 최초 컬러텔레비전 상업 방송 시작

CBS(Columbia Broadcasting System)는 1927년 뉴욕에 설립된 미국의 대표적인 지상파 방송국으로, NBC, ABC 방송국과 함께 미국의 3대 방송국으로 꼽힌다. CBS는 안정을 추구하는 보수적인 이미지로 알려져 있다.

CBS의 초기 형태는 1927년 조지 고츠와 아서 저드슨에 의해 시카고에 설립한 독립 연합방송(UIB, United Independent Broadcasters)을 기원으로 한다. UIB는 방송국에 프로그램을 제공하고 방송 사이에 광고를 판매하는 것을 목적으로 설립되었지만 설립된 지 얼마 지나지 않아 재정난을 겪었고, 우여곡절 끝에 1928년 시가 제조업자인 윌리엄 팰리에게 매각되어 콜롬비아 방송 시스템으로 개편되었다. 현재의 CBS는 바이어컴 그룹에서 분할된 기업이다. 파라마운트 픽처스 등을 산하에 둔 글로벌 엔터테인먼트 그룹인 바이어컴은 1999년 다양한 미디어 비즈니스를 통해 CBS를 사들인 후 초대형 글로벌 미디어 기업으로 성장했다.

2. 발 빠른 트렌드 리더

CBS는 안정을 추구하는 보수적인 이미지로 알려져 있었지만, 이러한 고정된 이미지를 벗어나려고 만든 〈CSI〉, 〈NCIS〉, 〈굿 와이프〉, 〈서바이버〉 등의 프로그램이 흥행하고 성공을 거두면서 변화했다. 보수적 이미지를 탈피하여 트렌드에 민감하게 대응하고 기획 면에서 기동성을 갖추어 나갔다. CBS는 초창기부터 뉴스에 중점을 두었는데 특히 〈씨 잇 나우(SEE IT NOW)〉라는 뉴스 프로그램은 저널리즘의 고전으로 평가받고 있다. CBS는 중장년층을 대상으로 지루하고 재미없는 채널로 인식되고 있었던 이미지에서 벗어나기 위해 2000년대 들어서 경쟁사인 NBC를 벤치마킹하여 적극적인 개편 작업에 착수했다. 이때 제작된 프로그램이 모험 리얼리티 쇼 〈서바이버〉와 〈CSI 과학수사대〉, 〈NCIS〉, 〈크리미널 마인드〉 등이었다. 해당 프로그램들은 NBC 시트콤 〈프렌즈〉와 팽팽한 경쟁을 펼쳤다. 특히 리얼리티 쇼의 대명사 격인 〈서바이버(Survivor)〉는 2000년 여름 시즌 최종회에 무려 5,100만 명 이상이 시청하며 큰 성공을 거뒀다. 16부작으로 진행되는 〈서바이버〉는 오디션을 거쳐 선발된 16명의 참가자들이 한 달 넘게 오지에서 두 부족으로 나뉘어 원시 생활을 체험하면서 마지막 생존자에게 100만 달러의 상금을 주는 게임쇼 방식의 프로그램이다.

한편 CBS는 1968년부터 미국 텔레비전 역사상 가장 인기 있는 뉴스 프로그램인 〈60분(60minutes)〉을 방영하며 전통 저널리즘을 구축해 나갔다. 〈60분〉은 미국 내 평균 시청 인구가 2,400만 명에 이를 정도로 큰 영향력을 발휘했다. 참고로 한국은 1983년에 최초의 탐사 보도 프로그램 〈추적 60분〉을 시작했다. 이 밖에도 범죄 수사물인 〈크리미널 마인드(Criminal Minds)〉를 2005년부터 방영했다. 이 프로그램은 전 세계 최초로 대한민국에서 리메이크했는데 2017년 7월부터 9월까지 tvN에서 방영되었다. 시트콤인 〈빅뱅이론(The Big Bang Theory)〉은 미국 CBS에서 방송 중인 시트콤 드라마로 2007년 9월 첫 방송이 시작되어 2017년 11월까지 총 10시즌, 231회 분량이 방송되었다.

오늘날 CBS는 16개의 자회사와 8개의 CW네트워크 제휴사, 3개의 독립 방송사, 2개의 마이네트워크TV 제휴사 등 미국 전역의 29개 방송국과 협력 관계를 맺고 있다. 이 밖에 출판업·요식업 등의 분야로도 사업 영역을 확장해 나가고 있다.

Broadcast

04
독보적인 뉴스 전문 채널, 미국의 CNN

1. 세계 최초 24시간 뉴스 채널 CNN

이상하게 들리겠지만, CNN이 설립되기 전에는 뉴욕에 있는 3대 방송사(NBC, ABC, CBS)가 정해 놓은 시간에만 뉴스를 볼 수 있었다. 이에 CNN의 창립자 테드 터너는 '모든 사람이 자기가 원하는 시간에 마음대로 뉴스를 볼 수 있도록' 하는 것을 목표로 세계 최초 24시간 뉴스 채널을 설립했다.

케이블 뉴스 네트워크 방송국(CNN, Cable News Network)은 1980년 미국의 사업가 테드 터너가 설립하였고, 현재는 미디어 기업 타임 워너 산하에 있다. 본사는 미국 조지아주 애틀랜타시에 위치해 있다. 터너는 1970년에 매입한 애틀랜타 단파 방송국을 유선 뉴스 방송국으로 바꾸고, 이를 다시 24시간 실시간으로 뉴스만을 방송하는 뉴스 전문 채널 CNN으로 개편했다. 초창기에는 24시간 뉴스라는 생소한 개념으로 인해 시청자들의 외면을 받았으며, 지상파 방송과 비교하여 부족한 인력과 허술한 조직 구성으로 운영에 어려움을 겪었다.

2. 글로벌 뉴스 채널로 성장하다

초장기 어려움을 겪던 CNN은 미국에서 발생한 여러 사건과 주요 장면을 재판 과정 등을 생방송으로 중계하여 명성을 쌓았다. 특히 1986년 미국항공우주국(NASA)의 챌린저호 발사 장면을 단독 생중계했는데, 챌린저호가 발사 직후 폭발하는 장면을 담은 뉴스는 당시 전 세계인들에게 큰 충격을 주었다. 그러나 역설적이게도 CNN은 이 사건으로 생중계 뉴스 전문 방송국으로 명성을 얻게 되었다. 1989년 독일 베를린 장벽의 붕괴, 중국의 천안문 사태, 1991년 걸프전 때는 종군 기자 피터 아네트가 이라크에서 생생

◎ CNN을 대표했던 스타 종군 기자 피터 아네트

한 현지 상황을 전 세계에 생방송하면서 CNN의 명성을 더욱 확고히 다졌다.

현재 CNN은 4,000여 명의 직원과 37개 지국, 8개 국어로 된 12개의 인터넷 사이트 등을 보유하고 전 세계 10억 명의 시청자를 확보한 글로벌 뉴스 채널로 성장했다. 또한 '맥도널드 햄버거', '월트 디즈니'와 함께 미국의 3대 상징으로 여겨지고 있다.

특히 CNN 인터내셔널은 세계 유일의 24시간 세계 뉴스 방송망으로 유럽 · 중동 · 아프리카 · 라틴아메리카 · 아시아 · 태평양 등 6개 지역에 지부를 두고 있다. 일반 뉴스 외에도 경제 · 스포츠 · 날씨 · 연예 · 건강 · 과학에 관한 최신 정보를 뉴스쇼 형식 또는 실황 생중계 등으로 제공하며, 화제 인물과의 인터뷰로 시청자의 흥미를 끌고 있다.

Broadcast

05
일본 최대의 공영 방송
NHK

1. 공공 미디어 서비스로서의 NHK

NHK는 일본방송협회(Japan Broadcasting Corporation)의 약칭으로 '일본방송협회'의 일본어 발음을 로마자로 표기한 'Nippon Hoso Kyokai'의 약자이다. 본사는 도쿄에 있다. 1925년 라디오 방송을 시작한 도쿄, 오사카, 나고야 3개 방송국이 통합되어 1926년 사단법인 NHK(일본방송협회)가 성립되었다. 1941년 태평양 전쟁에 뛰어든 일본은 전국적으로 국가 전시 체제에 돌입했으며, 이에 따라 NHK는 실질적으로 국가 관리 아래 놓여졌다. 전쟁이 끝난 후에는 미군의 지휘 아래 놓였으며, 연출이나 편성에서 미국 상업 방송의 영향을 받게 되었다.

    1950년 일본에 상업 방송국이 등장하면서 그동안 방송을 독점하던 NHK는 다른 방송국과 경쟁하게 되었다. 1953년 일본 최초로 텔레비전 방송을 시작했으며, 1960년에는 컬러텔레비전 방송을 시작했다.

    NHK는 수신료를 운영 재원으로 하는 공공 방송 사업체로서 우리나라의 KBS나 영국의 BBC와 운영 형태가 비슷하다. 효율적인 재난 방송 시스템을 구축하고 있는 NHK는 일본에서 가장 신뢰받는 미디어 가운데 하나로, 일본에서 가장 영향력이 크다고 할 수 있다. 그렇지만 국가가 직접 운영하는 공영 방송으로서 사업 예산 · 경영 위원 임명은 국회의 승인이 필요하기 때문에 경영 및 프로그램 편집 방침에 국회 다수당의 의견이 반영되기 때문에 정치적으로 자유롭지 못하다는 비판을 받고 있다.

    NHK는 일본 최대 공영 방송사로서 6,000여 명에 이르는 직원을 이끌고 있다. 일본 전역에 54개의 지역 방송사와 지상파 TV 채널 2개, 라디오 채널 3개, 위성 방송은 아날로그 방송과 디지털 방송 각 3개 채널, 국제 방송 TV 채널 2개 등을 보유하고 있다. 참고로 지상파 텔레비전 방송은 보도 · 정보 프로그램이나 오락 프로그램, 교양 프로그램 등으로 구성되어 24시간 방송하는 NHK 종합 텔레비전과 교육 · 교양 중심으로 편성된 NHK 교육 텔레비전이 있다.

    현재 NHK는 국가적으로 거대한 미디어 그룹이 추구하는 방대한 양의 콘텐츠를 인터넷 사이트와 모바일에 유통시키는 멀티 플랫폼 전략을 강화하고 있으며, 최근에는 유튜브(YouTube)에 독자적으로 채널을 개설하는 등 새로운 시도를 하고 있다.

2. 명실상부한 재난 · 재해 방송 시스템 구축

    NHK는 보도 기관 중에서 유일하게 '재해 대책 지정 공공 기관'으로 정해져 있다. 이러한 책무는 방송법에도 의무화되어 폭풍, 호우, 홍수, 지진, 대규모 화재, 기타 재해가 발생하거나 발생할 우려가 있는 경우에는 이를 예방하고 그 피해를 경감하기 위해 도움이 되는 방송을 해야 한다. 이 덕분에 NHK는 재해 · 위기 관리 정보에 있어 빠르고 정확하기로 정평이 나 있다. 방송 시간대에 관계없이 지진이나 해일 경보 발표 때에는 긴급 경보 방송을 실시해, 통상 프로그램을 중지하고 모든 채널에서 재난 관련 정보를 제공한다.

    현재 NHK는 보도국 내에 첨단 장비를 갖춘 재난 방송 전담 부서가 구축되어 있다. 지진이나 호우, 태풍 등의 경우 일본 기상청의 도움 없이 NHK가 독자적으로 기상을 관측할 수 있도록 지역 방송국마다 지진계나 지역 기상 관측 시스템인 아메다스(AMeDAS, Automated Meteorogical Data Asquisition System)를 설치해 측정하고 있고, 기동 취재 헬기도 14대나 갖추고 있다.

    전국에 54개 지역 방송국을 거느리고 있는 NHK는 재해가 발생했을 때 전국 네트워크를 활용하여 재해 방송을 실시한다. 피해 정도에 따라 전국을 대상으로 하는 전국 방송, 전국을 8개 지역으로 묶은 광역 방송, 현을 중심으로 한 지역 방송 등 3단계로 나누어진다. 전국 방송은 도쿄 본부에서, 광역 방송은 거점 방송국에서, 지역 방송은 지역 방송국에서 담당한다. 취재만을 담당하는 지국도 있다.

    재해가 발생하면 우선 지역 방송국을 중심으로 취재와 보도를 한다. 지역 방송국은 취재를 한 뒤 체제가 갖춰지면 방송을 시작한다. 이 경우 재해 방송은 지역 방송국의 대상 지역에 한정된다. 그러나 피해가 확대되면 지역 방송국의 경우 인원이나 장비에 한계가 있기 때문에, 지역 방송국이 속해 있는 거점 방송국이나 인접한 지역 방송국에서 지원을 하며, 재해 방송도 광역 지역으로 전환된다. 이후 피해 상황 등을 고려해 전국 대상의 방송에서 자막 등으로 속보를 전한다.

06

중국의 대표 국영 방송
CCTV

1. 중화권 최대의 영향력 CCTV

CCTV는 중국을 대표하는 방송국으로 중국중앙텔레비전(China Central Television, 中央電視臺)의 약칭이다. 본사는 베이징에 있다. 중국의 TV 방송국은 중앙 방송국과 지방 방송국으로 구성되어 있는데 중앙 방송인 CCTV는 중국 전역에 방송되며 '중국을 하나로 묶는다'는 중국의 정책을 실현하는 가장 중요한 수단이 되고 있다. 위성 안테나를 통해 한국에서도 접할 수 있다.

CCTV는 1958년 베이징전시대(北京電視臺)라는 이름으로 정식 방송을 시작한 이후 1978년 현재와 같이 중국중앙텔레비전(CCTV)으로 방송국명을 변경했다. 컬러텔레비전 프로그램은 1973년부터 방영했다.

CCTV는 중국 내에서 11억 명의 시청자를 확보하고 있으며, 전국을 방송 커버리지(coverage, 방송을 양호하게 청취할 수 있는 범위)로 하고 있다. 외국어 채널 6개를 포함하여 모두 22개의 방송 채널을 운영하고 있다. 그중 CCTV 1은 종합 편성 채널이며, 다른 채널들은 각각 편성을 특화하고 있다. 1995년 영화 채널을 출범시킨 이후에 경제 채널(ch2), 종합 예술 채널(ch3), 스포츠 채널(ch5), 교육 채널(ch10), 희극 채널(ch11), 사회·법 채널(ch12), 24시간 뉴스 채널(ch13), 아동 채널(ch14), 음악 채널(ch15) 등 서로 다른 편성으로 구성된다.

CCTV는 채널 만족도를 높이기 위한 차별화된 편성 전략으로 채널 이미지를 각인시키고 있으며, 채널 전문화와 해외 방송 확장을 통해 중화권에서 가장 영향력이 큰 채널로서 자리매김하고 있다.

2. 공산당과 정부의 대변인 역할 수행

중국의 언론 매체들은 모두가 사회주의 언론관에 따라 당과 정부의 직접 통제를 받으며 공산당과 정부의 대변자로서 당과 정부 정책을 선전하는 역할을 담당한다. 모든 중국의 방송국은 중앙 정부의 방송 담당 부처인 광전총국(廣電總局)의 규제를 받는다. 따라서 관영 매체이자 국영 방송인 CCTV도 당과 정부 정책을 선전하는 역할을 담당하고, 공산당의 엄격한 통제를 받고 있다는 점에서 보도 등 방송 기능에 한계를 드러내고 있다.

22개 채널을 가진 CCTV는 중국 공산당 창당 기념식, 당 대회 개폐회식, 올림픽 등 대형 이벤트를 방송하며 국가 위상을 강화하고 있다.

이런 특성 때문에 중국의 모든 성(省)과 시(市)의 방송국은 저녁 7시에 자체 뉴스 프로그램 대신 CCTV의 〈신문연파(新聞聯播)〉를 방송하는 독특한 구조를 지니고 있다. 이 프로그램은 CCTV1(종합)이 방송하는 중국의 대표 뉴스 프로그램이다. 신문(新聞)은 뉴스라는 뜻이고, 연파(聯播)는 네트워크, 동시에 방송한다는 뜻이니 똑같은 뉴스를 온 중국에 동시에 방송한다는 말이 된다. 〈신문연파〉는 황금 시간대인 매일 저녁 7시부터 7시 30분까지 방송되며, 보도 목적을 '당과 정부의 목소리를 선전하고, 중요 사건을 전파'하는 것이라고 분명히 밝히고 있다. 보도 내용은 국내 뉴스, 정치 뉴스, 긍정적 뉴스, 일반 뉴스 위주이다. 중국의 국내외 뉴스는 물론 중앙 정부의 중대 결정 사항이 이 뉴스 프로그램을 통해 발표된다. 따라서 13억 중국인은 물론 중국의 정치·경제·사회의 변화를 감지하려는 무수히 많은 세계인들이 해당 프로그램을 주목하고 있다. 하지만 최근 중국의 젊은 층을 중심으로 탈정치, 탈권위 현상이 확산되면서 변화하는 시청자들의 다양한 욕구를 충족시키지 못하고 있다는 평가를 받고 있다. 그래서 이전에 비해 다양해지고 수준도 향상되었다. 하지만 여전히 뉴스 취재에 제한을 두거나 프로그램의 내용을 검열하는 등 많은 부분에서는 통제의 끈을 늦추지 않고 있다. 참고로 지금도 CCTV에서는 뉴스를 할 때 현장에서 기자나 리포트가 직접 취재 내용을 전달하지 않고, 아나운서가 준비된 대본을 스튜디오에서 읽는 방식으로 진행된다.

3. 중국의 막강한 방송 역량

중국의 면적은 세계 4위의 크기로 960만㎢이며, 이는 한국 면적의 96배에 이른다. 그리고 이런 엄청난 크기만큼 우리나라로 치면 KBS와 MBC 정도의 규모를 갖추고, 공중파로 방송하는 텔레비전 방송국 수가 약 300개에 이른다. 중국에는 난징, 창저우, 선양, 다렌, 칭다오, 옌타이, 푸저우 등 행정 구역인 34개 성시가 있는데, 중국에는 각 성과 각 직할시마다 지역을 대표하는 방송국이 하나씩 있으며, 이 방송들은 자기 지역 이름을 달고 중국 전역에 방송된다. 여기다 각 성시마다 그 지역의 시급 도시에서 공중파 방송을 내보낼 능력이 되는 지역 방송국이 많게는 10개 내외가 있다. 이 300개의 방송국이 보통 10개부터 20개까지의 채널을 가지고 뉴스·드라마·문화·쇼·교육 등 장르별로 특성화된 전문 채널을 운용하고 있다. CCTV는 무료 채널만 19개이고 여성, 교육 등 유료 채널은 16개이다. 여기에 영어·아랍어 등 외국어 채널 5개를 비롯해 CCTV 한 방송국만도 약 40개의 채널을 운용한다.

지금까지 말한 것은 공중파 방송국과 위성 방송국의 채널 숫자인데 여기에 다시 케이블 TV까지 더하면 중국의 방송 산업 규모는 세계 최고 수준이라 할 수 있다.

⬥ 베이징에 있는 CCTV 본사 전경(PHOTO BY Morio)

일제 강점기에 경성방송국에서 시작된 우리나라의 방송은 역사의 전환점에 설 때마다 큰 역할을 하며 사회를 변화시켰고, 변화된 사회에 발맞추어 빠르게 발전해 나가고 있다.

이제 국내 방송사의 탄생부터 성장, 변화는 물론 미래까지 들여다보기로 하자.

Company

Broadcast

III

국내 방송사의 탄생과 성장, 변화와 미래

01

Broadcast

우리나라 방송의 역사

1. 우리나라 최초의 방송국인 경성방송국

　　우리나라의 정식 정부 허가에 의한 방송국은 1927년 2월 16일 서울 정동에 설립된, 현재 KBS의 전신인 사단법인 경성방송국이다. 개국 당시에는 하나의 채널로 한국어 방송과 일본어 방송을 교대로 내보내는 한일 양국어 방송이라는 기형적인 편성으로 진행되었다. 그러나 한일 양국어 혼합 방송이 한국인과 일본인 모두에게 불편할 수밖에 없었기에 이를 해소하기 위해 1933년 일본어 방송을 제1방송으로 하고, 한국어 방송을 제2 방송으로 하는 이중 방송을 시작하였다. 방송 내용은 주로 황국 식민화 정책을 비호하고, 일본어 보급의 필요성을 선전하는 것으로서, 식민 통치의 수단으로 이용되었다. 특히 뉴스는 통신사에서 가져오는 일본어판을 일본어 방송에서 내보낸 후, 그것을 그대로 직역하여 한국어로 방송히였다. 하지만 한국인 방송인들은 열악한 제작 여건 속에서도 한국인 아나운서를 채용하고, 뉴스 이외의 교양 부문과 연예 · 오락 부문에서는 우리의 전통문화를 계승하기 위해 노력했다.

1941년 12월 진주만 기습으로 태평양전쟁을 일으킨 일본은 이때부터 방송을 완전히 전쟁 수행의 도구로 사용했다. 한국인을 징병과 징용에 동원하기 위한 독려 방송이 주를 이루었고, 출연하기 싫어하는 한국인 문화 예술인들을 강제로 방송에 동원하였다. 그런데 아이러니하게도 1945년 8월 15일 정오에 일본의 무조건 항복을 알리는 중대 방송 역시 경성방송국을 통해 흘러나왔다.

경성방송국은 8 · 15 광복과 함께 서울중앙방송국으로 개편되었다. 광복 이듬해인 1946년에는 조선방송협회의 기구가 분리되어 방송 현업 부서가 미 군정청(공보국 방송과)으로 이관되고, 기술 업무 부서만이 그대로 방송협회 소속으로 남아 체신부의 관장 아래 있게 되었다.

1948년 8월 15일 대한민국 정부 수립을 계기로 한국의 방송은 비로소 완전히 독립된 방송을 할 수 있게 되었다. 그러나 발전의 기틀이 미처 다져지기도 전에 발발한 6 · 25전쟁으로 우리나라 방송의 기능은 다시 원점으로 돌아갔다. 북한군의 남침 바로 다음 날인 1950년 6월 26일에 방송국은 국방부 정훈국의 관장 하에 들어가게 되었다. 그리고 당시 전시 상황 등에 대한 그릇된 보도로 서울 시민을 북한군 치하에 남겨 두는 결과를 낳는 등 역사적인 과오를 범했다. 독자적으로 진실을 추구하여 국민에게 알릴 수 있는 제도적 장치 없이 오로지 당국의 명령이나 지시에 따를 수밖에 없는 전시 국영 방송의 취약점을 드러낸 뼈아픈 사례였다.

전쟁 중에 부산에 자리를 잡은 중앙방송국은 9월 15일 인천 상륙 작전이 성공하면서 그동안 열세에 있던 한국군과 유엔군의 전세가 역전되어 서울을 탈환(9 · 28 서울 수복)하게 되었을 때 잠시 서울에 왔다가 1951년 1 · 4 후퇴로 다시 부산으로 내려갔고, 1953년 휴전이 될 때까지 부산에서 전시 체제하의 소임과 역할을 다했다.

2. 전쟁의 혼란 후 방송의 재건기

1953년 7월 27일은 판문점에서 정전협정이 이루어진 날이다. 이날을 기해 부산에 있던 정부 각 부처와 피난생활을 하던 사람들이 속속 서울로 돌아왔고, 8월 15일 광복절을 기하여 정부는 공식으로 환도를 발표했다. 공보처는 이와 때를 같이 하여 기구를 개편했다. 서울중앙방송국을 서울지방방송국으로 개칭하는 한편, 각 지방 방송국

▲ 기독교방송국

● 동양TV방송 개국 기념 축전

을 통괄하는 부서로 방송관리국을 공보처에 신설했다.

한편 민간 차원에서는 1954년에 기독교방송(CBS)이 한국 최초의 민간 방송으로 체신부로부터 설립 허가를 받았다. 1956년에는 한국복음주의방송(1967년 극동방송으로 변경)이 개국하였다. 같은 해 5월 황태영이 미국의 RCA와 제휴하여 상업텔레비전방송사 (KORCAD)를 설립했으나, 적자를 감당하지 못하고 한국일보사에 양도되었고, 회사 이름은 대한방송주식회사(DBC)로 바뀌었다.

1957년에는 주한 미군을 위한 방송인 AFKN 텔레비전이 개국했고, 1959년에는 대한민국 최초의 상업 목적 민간 방송사로서 부산·동부경남 지역을 가시청권으로 하는 TV·라디오방송국인 부산문화방송(약칭 부산MBC)이 서울에 위치한 문화방송보다도 2년 먼저 개국했다. 1961년에는 동아일보사 계열의 동아방송 라디오가 설립되었고, 같은 해 12월 서울에 한국문화방송(MBC)과 국영 서울텔레비전방송국(KBS)이 개국함으로써 본격적인 텔레비전 방송 시대가 열렸다. 1964년 5월에는 동양라디오가 생겼고, 이어 12월에는 동양텔레비전 방송국(TBC)이 개국하였다. 1965년에는 서울FM의 탄생으로 FM 방송이 첫선을 보여 제3의 전파시대를 열었다. 1973년에는 아세아방송이 설립되었다.

3. 방송 공영화와 컬러텔레비전 방송의 시작

1980년 전두환 정권은 12·12 사태로 실권을 장악한 뒤 보안사 정보처에 언론반을 신설하고 권력 장악에 필수적인 언론 통제를 위해 체제를 비판하거나 이에 저항하는 언론인을 해직시키고, KBS와 MBC만을 남기고 언론사를 KBS에 통폐합시켰다. 이어 언론기본법이 공포되어 방송기업의 개인 소유가 금지(개인 지분의 49% 초과 금지)됨으로써 우리나라 방송은 국가가 관리·통제하는 관제적 공영화 시대를 맞게 된다.

이런 상황에서 1980년 8월 국내에서 컬러텔레비전이 판매되기 시작했고 컬러 방송은 같은 해 12월부터 시작되었다. 이에 따라 대형 특집 프로그램과 교양 다큐멘터리 프로그램이 속속 제작되었는데, KBS의 〈월요기획〉, 〈인생무대〉, 〈사람과 사람〉 등과 MBC의 〈자연 다큐멘터리〉 시리즈 등이 대표적인 예이다. 여러 프로그램 중 가장 주목을 끈 것은 1983년에 방영된 KBS의 〈천만 이산가족 찾기〉 생방송이었다. 1983년 6월

30일 밤 '누가 이 사람을 아시나요'라는 타이틀로 KBS 1TV를 통해 첫 전파를 타기 시작한 특별 생방송은 누구도 예상하지 못했던 큰 반향을 불러일으켰고, 당초 예정된 2시간을 훌쩍 뛰어넘어 모든 정규 방송을 취소한 채, 5일 동안 '이산가족 찾기'라는 단일 주제로 릴레이 생방송을 진행하였다. 총 138일 동안 방영되었고 10만 952건의 신청 접수 중 5만 3,536건이 출현, 소개되었으며, 이 중 1만 189건의 상봉이 이루어졌다. 방송의 영향력과 위력을 확인한 사건이었다.

1980년대의 또 다른 변화는 프로 야구가 창설되면서 스포츠 중계와 함께 대형 스포츠 이벤트를 위성 중계하는 프로그램이 많아졌다는 점이다. 때로는 스포츠 중계를 둘러싸고 방송사 간의 치열한 경쟁이 표출되기도 했다. 여기에 대형 스포츠 이벤트인 1986년 아시아 경기대회와 1988년 서울 올림픽을 유치하여 성공적으로 치러 냈다는 사실은 방송사적인 측면에서도 하나의 획을 긋는 계기가 되었다.

한편 올림픽을 치른 이후의 정국은 국회 청문회로 집중되었다. 1988년 11월 2일 헌정 사상 최초로 5공 비리 청문회가 시작된 것이다. 청문회의 핵심은 일해 재단 비리와 광주 민주화 운동 진상 조사, 언론 기관 통폐합 문제 등의 진상 조사를 통한 부정부패의 척결이었다. 청문회는 생중계되어 수많은 국민들을 TV 앞으로 모여들게 했다.

1988년 9월 국회법을 개정하면서 가능하게 된 국회 청문회의 TV 생중계는 전 국민적인 관심과 함께 커다란 파급 효과를 불러왔으며, 방송 사상 획기적인 일로 기록될 만한 사건이었다. 당시 국회 청문회의 TV 생중계 시청률은 올림픽 방송을 능가할 정도였다.

이후 1989년까지 공영화 체제로 유지되었고, 방송법이 개정되어 1990년 민영 방송인 서울방송(SBS)이 등장하면서 본격적인 공·민영 병존 및 다매체, 다채널 시대를 열게 되었다. 또한 같은 해 12월에는 문교부(현 교육부) 산하의 교육방송(EBS)이 정식 개국했으며, 라디오 방송으로는 불교방송(BBS)과 평화방송(PBC)이 1990년 4월과 5월에 각각 개국했다.

41

▲ 14대 대통령 선거 당시 TV CF에 출연한 고 김영삼 대통령 당시의 모습

4. 다채널 다매체 시대로의 전환

1990년대에 들어서는 뉴미디어 방송의 등장과 함께 다매체, 다채널 시대가 본격적으로 시작되었다. 1980년 언론 통폐합 조치에 따라 사라졌던 민영 방송이 11년 만에 부활했다. 1992년에는 14대 대통령 선거를 계기로 한국 방송 역사상 처음으로 TV 정치광고가 시도되었다. 1995년에는 케이블 전송망을 통해 프로그램을 공급하는 종합 유선 방송(케이블 텔레비전)이 시험 방송을 거쳐 30개 채널로 본격 실시됨에 따라 한국 방송에 새로운 환경이 구축되었다. 같은 해에 SBS와 제휴하는 지역 민영 방송인 광주방송(KBC)·대구방송(TBC)·대전방송(TJB)·부산방송(PSB)이 동시에 개국하였고, 1996년 2월에는 통신 위성을 이용한 위성 방송이 시작되었다. 1997년에는 9월 울산방송(UBC)과 전주방송(JTV)이, 10월에는 인천방송(iTV)과 청주방송(CJB)이 각각 지역 민영 방송으로 개국하였다.

그리고 마침내 1980년 언론 통폐합 때 사라졌던 동양방송의 후신으로서 JTBC, TV조선, 채널A, MBN 등 종합 편성 유선방송이 2011년 12월 개국했고, KT(한국통신, 구 한국전기통신공사)가 100% 지분을 출자해 설립된 회사인 한국통신케이블텔레비전(주)은 2008년 CJ헬로비전으로 사명을 변경하여 유선 및 인터넷 방송을 운영하게 된다. 이 밖에도 2000년대 이후 여러 유선 방송 및 인터넷 방송이 개국하여 운영되고 있다.

5. 방송 통신 융합의 시대로 접어들다

2000년대 중반 이후로는 디지털 기술의 발달로 방송과 통신이 융합하는 시대가 도래했다. 2005년 12월에 대표적인 방송 통신 융합 서비스인 DMB(Digital Multimedia Broadcasting)가 공식 출범했다. DMB는 영상이나 음성을 디지털로 변환하는 기술 및 이를 휴대용 IT 기기에서 방송하는 서비스를 말한다. 이동 중인 개인 단말기에서도 영상과 음성을 전송받을 수 있어 휴대폰과 차

량용 수신기(내비게이션)에 탑재된다. 이 기술은 우리나라가 독자 개발한 이동 · 휴대 방송 방식으로, 세계 최초로 상용 서비스를 시작하며 전 세계의 주목을 받았다.

이 밖에 인터넷 방송, VOD, 데이터 방송 등이 생겨났다. 방송 통신 융합의 대표적인 서비스는 IPTV(Internet Protocol Television)다. IPTV는 초고속 인터넷망을 이용하여 제공되는 양방향 텔레비전 서비스로 시청자가 자신이 편리한 시간에 보고 싶은 프로그램만 볼 수 있다는 점이 일반 케이블 방송과는 다른 점이다. KT가 먼저 케이블 TV와의 갈등 속에서 2007년 상반기 중에 IPTV인 메가패스 TV 서비스를 확대하고 IPTV 사업에 적극 나섰다. 현재 국내에는 SK의 'BTV', KT의 '올레TV(쿡TV)', LG의 'U+ tv G' 등 세 가지 IPTV가 서비스되고 있다. TV에 직접 적용되는 제품도 있지만 대체로 셋톱박스 형태로 TV와 연결한다. IPTV는 제공하는 영상 콘텐츠들을 높은 해상도로 HDTV에 뿌려 주어야 하기 때문에 자연스럽게 동영상의 용량이 커지고, 인터넷 속도와 서비스 품질이 직결된다. 그래서 모든 IPTV 서비스는 SK텔레콤, KT, LG유플러스가 하고 있는 것이다.

이에 발맞추어 정부도 디지털 기술이 발전함에 따라 방송과 통신의 경계가 허물어지고 있다는 점에 주목하여, 방송과 통신 두 시장에 대한 통합 규제안을 마련하기 위해 2006년 7월 28일 방송통신융합추진위원회를 출범시켰다.

현재 통신망의 광대역화와 방송의 디지털화 등 정보 통신 기술의 발전은 기존의 통신이나 방송 시장에 자극을 주어 새로운 비즈니스 영역을 모색토록 하고 있다. 덕분에 지금은 전통적인 매체인 TV나 라디오로만 볼 수 있는 방송 콘텐츠를 휴대전화, 개인 휴대단말기, 인터넷 등을 이용하여 언제 어디서건 서비스로 받아볼 수 있게 되었다. 방송 역시도 방송망뿐이 아니라 통신망을 통하여도 전송되며, 통신도 통신망뿐만 아니라 방송망을 통하여도 서비스할 수 있게 되었다.

Broadcast

02
국내 지상파 방송국

1. KBS 한국방송공사

KBS(Korean Broadcasting System, 한국방송공사)는 1927년 사단법인 경성방송국으로 라디오방송을 시작한 것을 모태로 한다. 이후 1961년 12월 31일 호출부호 HLCK, 채널 9번으로 국영 TV 방송을 개국해 본격적인 한국 TV 방송의 역사를 시작했다. 당시 명칭은 '서울 텔레비전 방송국'이었다. 이어 KBS는 1973년 한국방송공사로 공영 방송 체제로 전환한 후, 1976년 여의도에 본사를 건립하였다. 2001년부터는 방송국명을

'KBS 한국방송'으로 바꿔 지금에 이르고 있다.

　　1980년에는 언론 통폐합 조치에 따라 동양방송 · 동아방송 등 5개 민간 방송을 인수하였으며, 같은 해 컬러텔레비전 방송과 교육방송(KBS-3TV로 EBS의 전신)을 시작했다. 1986년 왜곡, 편파 보도와 국민의 알 권리 박탈 등에 따른 시청료 납부 거부 운동으로 한때 시련을 겪기도 했다. 1986년 아시안 게임과 1988년 올림픽 경기대회에서는 주관 방송사가 되었다.

　　2012년 기준 TV 방송은 제1TV · 제2TV, 위성 방송 KBS Korea, KBS World 등 4개 채널, 라디오 방송은 제1라디오 · 제2라디오 · 제3라디오 · 제1FM · 제2FM · 한민족 방송 · 국제방송 등 7개 채널, DMB 방송은 U KBS 스타, U KBS 하트, U KBS 뮤직, U KBS 클로버 등 4개 채널을 운영하고 있다. TV와 라디오를 합해 매주 약 300 여 프로그램을 송출한다. 특히 글로벌 네트워크화 실현을 위해 KBS World를 운영해 2005년부터 영어 자막 방송을 제작 · 방영하고 있으며, 2004년에는 미국을 거점으로 하는 KBS America를 설립하기도 했다.

　　재원은 전파 수신료 · 광고료 · 정부 보조금 · 기타 사업 수입 등이며, 제1TV와 제1라디오에는 1994년 10월 이후 광고를 하지 않고 있다.

　　본사는 서울시 여의도에 위치하고 있으며 전국 9개 주요 도시(부산, 창원, 대구, 광주, 전주, 대전, 청주, 춘천, 제주)에 방송총국, 9개 지역(울산, 진주, 안동, 포항, 목포, 순천, 충주, 강릉, 원주)에 방송국을 운영하고 있고, 미주 지국(워싱턴), 유럽 지국(파리), 중국 지국(베이징), 일본 지국(도쿄), 중동 지국(두바이) 등 해외 13개 지역에 해외지국을 개설해 기자와 PD 특파원을 상주시키고 있다. 계열사로 KBS미디어(주), (주)KBS N, KBS 아트비전, KBS 비즈니스, E-KBS, KBS America, KBS Japan, KBS 미디어텍 등이 있다. 라디오·텔레비전·해외방송 실시 등을 단일 기관이 운용하는 방송의 계통수로만 본다면 세계적인 규모라고 할 수 있다.

(1) 한국의 대표 공영 방송

KBS는 정책 면에서 KBS 1TV는 한국인 중심 채널을 표방하며 수신료로 운영하고 있고, KBS 2TV는 광고를 내보내면서 젊은 감각을 지닌 가족 문화 채널로 차별화 전략을 펼치고 있다. KBS 1TV는 KBS 2TV와 달리 뉴스·교양·다큐멘터리·스포츠 프로그램 등을 송출한다. 대한민국에서는 EBS 2TV, 국민방송과 함께 어떤 광고도 하지 않는 채널이다. 종편의 영향 등으로 지난 2012년 10월 8일부터는 24시간 종일 방송 체제를 갖추고 있다.

지난 2002년 드라마 〈겨울연가〉 수출을 계기로 일본과 아시아 지역에 한류 열풍(일본 NHK, 인도네시아 SCTV, 필리핀 GMA 네트워크 방영 등)을 일으켰으며, KBS World는 글로벌 채널로서 케이팝(K-Pop) 확산에 공헌하고 있다. 한국을 대표하는 공영 방송사로서 미래를 이끌기 위해서 향후 5년, 10년 뒤를 내다보며 콘텐츠 육성과 설비 투자 등에 대한 장기적인 계획을 마련중이다.

(2) 채널별 브랜드 차별화 전략

KBS1은 보도, 시사 정보, 스포츠, 교양 등을 모든 시청자에게 보편적 서비스를 제공함을 목적으로 한다. 따라서 채널 성격이 공공 방송의 가치를 실현하는 한국인 중심 채널로 설정되어 있다. 또한 공영 방송의 책무를 다하기 위해 일본의 NHK처럼 재난, 재해, 긴급 상황, 지진, 테러 등의 재난 방송에도 초점을 맞추고 있다.

이에 비해 KBS2는 원래 동양방송(TBC)이 전신으로, 전두환이 주도한 언론 통폐합으로 인해 KBS로 넘어간 채널이다. 1TV와 달리 보도, 시사 교양 프로그램은 적고 예능, 드라마 프로그램의 편성 비중이 높으며, 광고 방송을 하다 보니 상업성에 치우친 것이 특징이다. 채널 설정은 드라마와 연예·오락 프로그램을 편성하는 등 건전한 가정문화 채널로서 역할을 하는 것이다. 오락, 뉴스, 드라마, 시사 교양을 골고루 편성하지만 오락과 드라마의 비중이 압도적이다. 스포츠 프로그램 같은 경우는 KBO 리그와 월드컵, 축구 국가대표 평가전, 아시안 게임, 하계 올림픽, 동계 올림픽 등 관심도가 높은 경기 위주로 편성한나.

KBS는 지난 2008년 이후 한류 확산의 근거지로서 새로운 역할을 수행하고 있으며, 아시아를 넘어 세계를 향한 공영 방송의 대표가 되기 위해 노력하고 있다.

(3) 프로그램의 혁신

KBS는 전통적인 대가족의 모습이나 역사를 다룬 드라마 부문에 있어서 많은 사랑을 받아 왔다. 특히 대하 사극은 'KBS 대하 사극'이라는 말을 붙일 정도로 정통하다는 평가를 받고 있다. 1996년에 방송된 〈용의 눈물〉을 비롯해 〈태조 왕건(2000)〉, 〈명성황후(2001)〉, 〈불멸의 이순신(2004)〉, 〈대조영(2006)〉, 〈대왕 세종(2008)〉, 〈정도전(2014)〉, 〈징비록(2015)〉, 〈장영실(2016)〉 등이 꾸준히 제작되고 있다. MBC와 SBS 등 다른 방송사 사극이 음식이나 의복 등 역사 외적인 퓨전 스타일을 추구하고, 내용 면에서도 틀리거나 과장된 부분이 많아서 역사 왜곡이라는 비판을 받고 있는 데 비해, KBS의 사극은 스케일도 크고, 역사적 사실에 충실하면서도 재미를 추구하고 있다는 평가를 받고 있다.

다큐멘터리로는 〈차마고도(2007)〉, 〈누들로드(2008)〉, 〈동아시아 생명 대탐사 아무르(2010)〉, 〈울지 마 톤즈(2010)〉 등이 세계적 수준의 프로그램으로 평가받으면서 큰 호응을 얻었고 해외에 수출하였다.

예능 프로그램에서는 〈해피선데이〉, 〈개그콘서트〉 등 경쟁력 있는 프로그램을 제작해 사람들에게 큰 즐거움을 선사했다. 그 밖에 딱딱한 정보 전달보다는 재미를 추구한 인포테인먼트로 대한민국의 건강을 책임진 〈비타민(2003~2017)〉, 한때 대한민국에 'ㅁ'난 퀴즈를 전파하며 불후의 명대사인 "네, 사실입니다"를 남긴 〈스펀지(2003~2012)〉, 각종 위험과 사고에 대한 대처법과 예방법 등을 소개하여 시청자들에게 경각심을 일깨워주는 프로그램인 안전 버라이어티 〈위기탈출 넘버원(2005~2016)〉, 퀴즈 대결을 펼치는 〈1대 100〉은 유익한 정보를 오락이라는 틀에서 소화해 낸 프로그램이었다.

(4) 한류와 글로벌화

중국과 일본, 동남아 등지에서 드라마와 K-Pop이 인기를 끌면서 우리나라 방송 시장은 크게 확대되었다. 일본에서의 한류는 2002년 제작되어 2004년 NHK를 통해 방영된 〈겨울연가〉가 크게 성공을 거두면서 본격적으로 시작되었다. 주연 배우 배용준과

최지우는 일본에서 엄청난 인기를 얻게 되었다.

　이후 KBS 내에 드라마 등 콘텐츠 수출을 맡는 전담팀이 생겼고, 방송 프로그램 판매와 한류 확산을 목적으로 'KBS Japan'이 설립되었다. 2011년에는 다시 '글로벌 전략센터'를 만들어 조직적으로 한류 선도와 글로벌화를 추진하였다. KBS의 계열사인 KBS 미디어는 한류 열풍에 힘입어 2011년에 국내 콘텐츠 기업으로는 처음으로 수출 5,000만 달러를 넘어 한국무역협회에서 5,000만 달러 수출탑을 받았다.

　한편 한국의 방송 콘텐츠 전체 수출액은 미국과 영국에 이어 세계에서 3번째로 많은 것으로 나타났다. 일본 총무성의 집계에 따르면 2015년을 기준으로 한 방송 콘텐츠 수출액(캐릭터 상품 판매권 포함)은 전 세계에서 미국이 213억 800만 달러(약 24조 2,059억 원)로 단연 많았다. 그 뒤를 영국(33억 3,100만 달러), 한국(3억 2,000만 달러), 일본(2억 3,800만 달러)라고 한다.

　KBS의 글로벌화는 한류 확산과 더불어 'KBS World'라는 또 하나의 축을 중심으로 이루어진다. KBS World는 〈뮤직 뱅크〉를 전 세계에 실시간으로 중계해 K-Pop 확산에 일등공신 역할을 했다. 2003년 7월에 출범한 KBS World는 2017년 기준 전 세계 117개국 6,500만 가구가 시청하는 글로벌 채널로 부상했다. 또한 현재 420만 명 이상의 구독자를 보유한 KBS World 유튜브도 보유하고 있다.

2. MBC 문화방송

　MBC(Munhwa Broadcasting Corporation, 문화방송)는 공익 재단인 방송문화진흥회가 대주주이고, 광고 수익에 의존해 경영하는 주식회사 형태의 공영 방송사이다.

　보유 채널은 전국 지상파 TV 1개, 라디오 3개(AM, FM, 표준 FM), 케이블 방송 5개(MBC 드라마넷, MBC 에브리원, MBC 스포츠 등), 위성 방송 4개이다. 2000년 인터넷 MBC(iMBC)를 설립하고, 2001년에는 MBC 플러스를 설립해 MBC sports+, MBC 드라마넷, MBC every1, MBC music 등을 운용하고 있으며, 2005년에는 지상파 DMB 사업권을 확보했다. 2015년 기준 전국 네트워크를 형성하는 19개 지역의 계열사와 7개의 자회사(MBC 플러스미디어, iMBC, MBC C&I, MBC 아카데미, MBC 아트 등)를 두고 있다.

MBC는 1961년 2월 부산문화방송(현 부산MBC, 1959년 설립)을 모태로 하여 설립되었다. 다음해 7월 5·16장학회(현 정수장학회)에 무상 기부 형태로 경영권이 양도되면서 한국 최초의 민간 상업 방송으로 출범하였고, 1963~1965년 전국 4개 도시(대구, 대전, 광주, 전주)에 직할국을 설치하며 전국 네트워크를 구축하였다. 1969년 8월 서울 정동에 사옥을 준공하고 TV 방송(채널 11)을 시작했다. 1971년 FM(91.9MHz) 라디오 방송을 내보냈으며, 1974년 경향신문사를 인수 합병했다. 1980년 언론 통폐합이 추진되는 과정에서 KBS가 대주주가 되었으며, 경향신문과는 분리되었다. 이후 KBS가 보유하고 있던 70%의 주식은 1988년 설립된 방송문화진흥회로 소유권이 넘어갔다. 1986년에는 여의도 사옥(2022년 철거 예정)으로 이전했으며 2014년에 상암동 사옥으로 이전했다. 사옥 외에 MBC 드림센터(일산), 용인 MBC 문화동산(구 대장금 파크), 경기도 양주시에 있는 MBC 문화동산(스튜디오·야외세트) 등의 시설을 갖추고 있다.

(1) 공영 방송과 상업 방송의 중간

MBC는 공영 방송과 상업 방송의 중간 영역이라는 애매한 위치에 있다. 이렇게 된 까닭은 주식회사 형태로 운영되는 MBC의 지분을 방송문화진흥회(70%)와 정수장학회(30%)가 나누어 갖고 있기 때문이다. 이런 지분 구성은 1980년 정권을 장악한 전두환 정권이 대기업들이 10%씩 소유하고 있던 MBC 지분을 KBS에 출연하게 해 MBC를 공영도 민영도 아닌 애매한 방송사로 만든 결과였다.

이런 애매한 위치는 MBC의 실제 이미지에서도 드러나고 있다. 지상파 방송 3사의 이미지를 비교하면 KBS는 전통적인 공영 방송, SBS는 전형적인 상업 방송으로 각각 자신의 자리가 정해져 있는 것으로 파악된다. 그런데 MBC는 양자의 중간 영역에 존재하는 것으로 인식됐다. 이런 점에서 MBC는 개성과 색깔이 없는 것으로 평가되고 있으며, 공영과 민영 사이에서 중심을 잡지 못하고

있다는 평가도 있다. 여기에 이명박 정권 당시 MBC 장악 등의 문제로 파행이 거듭되었고, 2017년 현재 김재철, 김장겸 사장의 구속과 퇴진을 겪으며 원래 자리를 찾아가려는 회복세를 보이고 있다.

(2) 드라마 중심의 방송사

MBC는 친근한 채널 이미지를 부각시키기 위해 '드라마 왕국'으로 시청자들에게 홍보하고 있다. 실제로 우리나라 TV 방송사상 최장수 드라마 〈전원일기〉는 1980년 10월 첫 방송을 한 이후 2002년 12월 종영 때까지 22년 2개월 동안 사랑을 받았다.

1991~1992년 주말연속극으로 방영됐던 〈사랑이 뭐길래〉는 1997년 중국 중앙 TV(CCTV)를 통해 방영되었다. 1992년에 방영된 드라마 〈여명의 눈동자〉는 20억 원이라는 제작비도 이슈가 되었지만, 드라마 사상 최초로 일본군 위안부 문제와 제주 4 · 3 항쟁을 다뤄 눈길을 모았다. 1990년대 MBC는 〈사랑이 뭐길래〉, 〈그대 그리고 나〉, 〈아들과 딸〉, 〈보고 또 보고〉 등 소소하지만 소중하고 따뜻한 가족의 일상과 인간의 삶을 주제로 한 드라마로 시청자들의 많은 사랑을 받았다.

앞서 말한 것처럼 KBS가 정통 사극, 혹은 대하 사극이라는 키워드를 가지고 사극 제작에 임하고 있다면, MBC는 역사를 재해석한 사극, 트렌드 사극을 표방하고 있다.

특히 2004년에 방영된 〈대장금〉은 홍콩, 대만 등에 수출되어 〈겨울연가〉 이후 한류 열기를 다시 점화하는 계기가 되었다. 〈대장금〉은 조선 시대 중종의 신임을 받은 의녀(醫女)였던 장금(長今)의 삶을 재구성한 픽션(fiction) 사극이다. 2003년 9월 15일부터 2004년 3월 30일까지 매주 월 · 화요일에 방영되었고 시청률 조사업체인 TNS 미디어 코리아에 따르면 최고 시청률이 전국 55.5%(2004년 3월 23일 방송), 평균 시청률 41.6%에 육박했다고 하니 대단한 기록이 아닐 수 없다. 아시아 20여 개국(중국, 일본, 베트남, 필리핀, 태국, 인도네시아 등)과 유럽, 미국 등에 수출되었고, 일본에서도 NHK-BS2에서 2004년 10월부터 1년간 방영되었다. 또한 이 작품을 통해, 배우 이영애를 비롯해 많은 줄연진이 한류 스타로 발돋움하는 계기가 되었다.

그 후 〈주몽(2006)〉, 〈궁(2006)〉, 〈동이(2010)〉, 〈내 이름은 김삼순(2005)〉, 〈하얀 거탑(2007)〉, 〈커피프린스 1호점(2007)〉, 〈에덴의 동쪽(2008~2009)〉, 〈내조의 여왕(2009)〉, 〈해를 품은 달(2012)〉 등으로 시청자들의 사랑을 받았다.

다큐멘터리로는 〈아마존의 눈물〉, 〈북극의 눈물〉, 〈아프리카의 눈물〉, 〈남극의 눈물〉 등 '눈물 시리즈'를 선보이면서 시청자들에게 지구라는 공간에서 인간이 어떻게 자연과 더불어 살아가야 하는지 일깨우며 신선한 충격을 주었다. 특히 2009년에 방송된 〈아마존의 눈물〉은 다큐멘터리로는 사상 최고인 25%의 시청률을 기록했고, TV에서 방송하지 않은 장면을 담아 2010년 3월 극장판으로 개봉해 관람객 10만 명을 돌파하기도 했다.

3. 민영 방송 SBS

SBS(Seoul Broadcasting System, 서울방송)는 1990년 8월 민간 상업 방송의 허용을 골자로 하는 방송법이 국회에서 통과되고 같은 해 11월 세워졌다. 초기 이름은 서울방송(주)으로 설립하였고, 2000년에 지금의 상호로 변경하였다. 주요 사업은 지상파 TV와 라디오 방송, 광고 사업 등이다. 초창기에는 여의도 광장 옆 태영건설 본사에 방송 사옥이 있었으나, 2004년 3월 1일 양천구 목동 신사옥으로 옮겼다. 수도권 일대를 시청 권역으로 개국한 SBS는 1980년 언론 통폐합에 따라 문을 닫아야 했던 TBC(동양방송), DBS(동아방송) 이후 11년 만에 부활한 민영 방송으로 KBS, MBC 양대 체제를 3사 체제로 재편했다. SBS의 출현은 방송 상업주의(commercialism)를 본격화하는 계기가 되기도 했고, 독과점 체제에서 안주해 왔던 지상파 방송사들이 시청률 경쟁에 나서게 되었으며 기자, PD, 탤런트들의 이동으로 방송 산업이 활성화되었다. 이런 현상은 종편 개국 과정에서 다시 한번 생겨난다.

사실 1991년 노태우 정부 시절 개국한 SBS는 그 출발이 순탄치는 않았다. KBS, MBC를 비롯한 지상파 방송사의 격렬한 반대와 방송의 공익성을 강조하는 학계의 반발, 허가 과정의 특혜 시비 논란 등이 일어났기 때문이다.

1991년 12월에 TV 방송국도 개국하였고, 이후 1995년 5월에는 부산·대구·대전·광주 광역시에도 방송국이 설립되어 방송 대상 지역이 확대되었으며, 11월에 일산 제작 센터를 준공하였다. 일산 제작 센터는 예능, 드라마 제작을 위한 공간으로 SBS 콘텐츠 제작의 요충지다. 현재는 서울시 양천구 목동서로 161번지에 본사를, 서울시 강서구 등촌동과 마포구 상암동에 공개홀을, 그리고 경기도 고양시 탄현동에 제작 센터를 두고 있다.

2001년 국내 최초로 디지털 방송을 실시했으며, 2013년에는 지상파 세계 최초 3D 광고 정규 프로그램 방송을, 2014년에는 지상파 세계 최초 월드컵 축구 UHD TV 생중계 실험 방송을 실시했다.

SBS 콘텐츠로는 〈모래시계(1995)〉라는 한국 방송사에 기록될 불세출의 드라마를 비롯해서 〈야인시대(2002~2003)〉, 〈올인(2003)〉, 〈파리의 연인(2004)〉, 〈시크릿 가든 (2010~2011)〉, 〈너의 목소리가 들려(2013)〉, 〈별에서 온 그대(2013~2014)〉 등이 있다. 한편 시트콤 〈순풍 산부인과(1998~2000)〉를 비롯해 〈TV동물농장(2001~)〉, 〈생활의 달인(2005~)〉, 〈자기야−백년손님(2009~)〉, 〈런닝맨(2010~)〉, 〈정글의 법칙(2010~)〉, 〈미운 우리 새끼(2016~)〉와 같은 참신한 예능 프로그램을 선보이고 있다. 한 시간 빠른 〈SBS 8 뉴스(1991~)〉를 만들어 내기도 했으며, 국민 시사 프로그램 〈그것이 알고 싶다 (1992~1995, 1996~)〉를 진행하고 있다.

4. EBS 한국교육방송공사

EBS(Educational Broadcasting System, 한국교육방송공사)는 교육 전문 방송국으로, 지상파 방송이나 인터넷 방송 등을 통해 다양한 교육 서비스를 제공하고 있다.

EBS는 1990년 학교 교육의 질적 향상을 꾀하고 지역적 불균형을 해소하며 국가의 교육 목표를 앞당긴다는 취지로 KBS로부터 독립(원래는 KBS 산하의 채널인 KBS 3TV)하여 한국교육개발원 부설 교육방송(EBS)으로 개국하였다. 1997년 1월 한국교육방송원법을 공포하고, 3월에 한국교육방송원을 창립함으로써 한국교육개발원으로부터 분리되어 독립적인 방송 기관이 되었다. 같은 해 8월 위성 교육 방송(위성 1·2TV)을 시작하였으며, 2000년 6월 한국교육방송공사를 창립하였고, 12월부터 인터넷 교육 방송을 시작하였다. 2001년 11월 디지털TV 방송국을 개국한 데 이어 2002년 3월부터 EBS TV와 위성 1·2 TV의 후신인 플러스1·2 채널을 스카이라이프를 통하여 위성 방송 서비스를 시작하였다.

현재 지상파 TV(EBS TV)와 라디오 채널(EBS FM),
위성 TV 채널(EBS 플러스1, 플러스2), 영어 교육 채
널 EBS 잉글리시, 미주 지역 교민들을 대상으로 하는
EBS 아메리카, 모바일로 제공하는 위성 DMB EBS 등
의 채널을 갖추고 있다.

또한 EBS는 2006년 위성 DMB 채널로 출발해서,
2012년 7월부터는 IPTV를 통해 방송하는, 어린이와
부모를 대상으로 하는 어린이 전문 채널 EBS u를 개국
했다. EBS u는 3~14세 어린이와 부모를 위한 교육 채널로 〈뽀롱뽀롱 뽀로로〉, 〈로보
카 폴리〉, 〈선물 공룡 디보〉, 〈딩동댕 유치원〉, 〈방귀대장 뿡뿡이〉 등 EBS 대표 프로그
램을 제공하고 있다. 현재 본사는 경기도 고양시 한류월드에 있다.

(1) 경쟁력 있는 유아 프로그램과 다큐멘터리

EBS는 교육 방송이라는 이름답게 상당히 경쟁력 있는 프로그램들을 보여 준다. 여
기에다가 각종 해외 다큐멘터리와 고전 명화, 독립 영화, 유명 해외 애니메이션 등 여러
가지 분야에서 많은 볼거리를 제공하고 있기도 하다. 또한 교육 전문 채널로서 학교 교
육을 보완하고 국민의 평생 교육을 실현하기 위해 프로그램을 만들고 있다. 그런데 교
양이나 교육 중심으로 프로그램을 편성하다 보니 시청자 층이 제한되어 틈새 전략으로
주부 대상 프로그램을 편성하는 등 생존을 위해 노력하고 있다. EBS는 다른 지상파 방
송에 비해 신뢰성이 높은 방송사로 인정받고 있다.

EBS는 다큐멘터리와 어린이 ·
유아 프로그램에 집중함으로써 이
분야에서만큼은 다른 방송사와의
경쟁에서 우위를 확보하였다. 다큐
멘터리 부문을 살펴보면, 1992년
〈한국의 들꽃〉을 시작으로 〈한국의
파충류(1996)〉, 〈시베리아 호랑이
시리즈(1997, 2003)〉, 〈DMZ 판문
점을 가다(1995)〉 등이 이어지면서
자연 다큐멘터리 시대를 열었다. 또
한 EBS 특수 촬영팀이 우리나라의 야생

현장을 카메라에 담은 〈물총새 부부의 여름나기〉를 필두로 〈한국의 파충류(1996)〉, 〈하늘다람쥐의 숲(1997)〉, 〈솔부엉이(1996)〉 등을 선보이며 주목을 받았고, 독일에 수출되기도 했다.

특히 2008년 제작된 〈한반도의 공룡〉은 아시아 최초 공룡 다큐멘터리라는 점에서 화제를 모았고, 우리나라 다큐멘터리 작품 가운데 최고가로 수출되는 기록을 세웠다. 2009년에는 한반도 시리즈 두 번째 작품 〈한반도의 인류〉가 방송되었고, 작품성을 인정받아 미국 스미스소니언 채널에 판매되었다. 2010년 〈한반도의 매머드〉도 컴퓨터 기술로 멸종된 매머드를 완벽 재현하면서 중국 CCTV와 일본 NHK에 수출했다.

EBS는 교육 기능을 수행하기 위해 어린이 프로그램 편성 비율을 35% 이상으로 유지하고 있으며, 자체 제작 어린이 프로그램 수 역시 지상파와 케이블 채널을 통틀어 가장 많다. 이런 이유로 EBS는 우리나라 부모가 가장 선호하는 어린이 채널로 선정되었고, 유아 프로그램 시간대 시청률 1위 채널이기도 하다.

EBS 프로그램 중 최장수를 누리고 있는 〈딩동댕 유치원〉이다. 이 프로그램은 1982년 〈텔레비전 유치원〉으로 시작했는데, 당시 유치원 과정을 이수하기 힘든 저소득층 자녀들을 대상으로 하여 KBS의 〈통통통〉, MBC의 〈뽀뽀뽀〉와 경쟁을 벌이기도 했다. 1989년 〈딩동댕 유치원〉으로 이름을 변경한 후 방송을 지속해, 지금까지도 4~7세 미취학 어린이들의 사랑을 받고 있다.

2006년부터 방영되고 있는 〈방귀대장 뿡뿡이〉는 3세에서 4세까지 미취학 어린이를 대상으로 매 회마다 어린이에게 유익한 하나의 주제를 가지고 프로그램이 진행된다. 뿡뿡이와 짜잔형이 아이들과 함께 놀이로 풀어 가는 형식으로 놀이를 통해 교육 효과를 높인 프로그램이다. 캐릭터 '뿡뿡이'가 인기를 끌면서 교재, DVD, 인형 등으로 출시되어 대한민국 캐릭터 대상을 수상하기도 했다. 뮤지컬로도 만들어져 많은 사랑을 받고 있다.

2003년 처음 방송된 〈뽀롱뽀롱 뽀로로〉는 우리나라 최초로 제작한 3D 애니메이션으로 유아들 사이에서 선풍적인 인기를 끌고 있다. EBS 방송 당시 평균 시청률을 웃도는 5%를 기록했으며 '뽀통령'이라는 말이 생겨날 정도로 많은 아이들에게 사랑을 받고 있다. 전 세계 110여 개국에 수출되었으며, 출판 및 완구, DVD 시장에서 돌풍을 일으켰다. 업계에서는 뽀로로의 브랜드 가치가 8,000억 원, 뽀로로가 만들어 내는 경제 효과는 5조 원 이상이 될 것으로 추정하고 있다.

(2) 대한민국을 대표하는 지식 채널로 전환하다

EBS는 2001년부터 EBS 인터넷 방송을 실시하고 있으며, 수능 및 고등학교 교육 과정 전문 방송으로 EBSi를 두고 있는데, 대한민국의 고등학생을 대상으로 한 온라인 교육 사이트이다. 2004년 초에 과도한 사교육비를 줄이기 위해 교육부 주도로 개설되었다. 여기서 발간한 EBS 수능 교재 시리즈는 수능 연계 교재인 만큼 수험생의 필독서이다. 한편 케이블과 위성 채널 중 EBS 플러스1은 수능 방송이고, EBS 플러스2는 초·중등 교육과 직장인을 위한 직업 방송, EBS English는 영어를 담당하고 있다. EBS FM(104.5㎒)은 2012년 개편을 통해 '책 읽어주는 라디오'로 설정해 동화책은 물론 베스트셀러, 해외 걸작 문학 작품을 유명 배우와 작가들이 낭독하고 있다.

EBS는 지식 원형과 지식 콘텐츠를 바탕으로 한 지식 채널의 위상을 확고히 해 나가고 있다. 대표적으로 〈다큐 프라임(2008~)〉과 같은 지식 원형 기획과 발굴을 통해 지식 콘텐츠를 제작하고 있으며, 다큐멘터리 블록 편성으로 지식 채널, 지식 미디어로서 발전을 거듭하고 있다. 〈다큐 프라임〉은 주로 3~5부작에 걸쳐 하나의 주제를 여러 소주제로 나누어서 방송한다. 다루는 주제들은 정치, 경제, 과학, 교육, 철학, 수학, 음악, 요리, 역사, 법학, 문화, 환경, 사회, 인간 등 거의 모든 분야에 걸쳐 있다. EBS가 만드는 다큐멘터리의 특징은 화려한 영상미보다 그 다큐멘터리가 가지는 주제를 깊이 파고드는 것으로 유명하다.

2012년 5월에는 교육 콘텐츠의 글로벌 유통을 위해 구글(Google)과 업무 협약을 맺었고, 유튜브에도 공식 채널을 개설해 한국어 교육과 한국 문화와 관련된 콘텐츠와 다큐멘터리, 교양, 유아 프로그램을 제공하고 있다.

03
종합 편성 채널

종합 편성 채널이란 케이블 TV, 위성 방송, IPTV 등을 통하여 뉴스·드라마·교양·오락·스포츠 등을 방송하는 채널을 말한다. 흔히 줄여서 '종편'이라고 한다. 모든 장르를 편성한다는 점에서는 지상파와 차이점이 없으나 케이블 TV(유선 텔레비전)나 위성 TV를 통해서만 송출하기 때문에 여기에 가입한 가구만 시청할 수 있다. 또 24시간 종일 방송을 할 수 있고, 중간 광고도 허용된다.

2009년 7월 국회에서 통과된 방송법·신문법·인터넷멀티미디어방송사업법(IPTV법) 등 미디어 관련법에 따라 신문사와 대기업이 종합 편성 채널의 지분을 30%까지 소유할 수 있고, IPTV는 49%까지 소유할 수 있게 되었다. 이런 점에서 대기업과 신문재벌이라는 거대 자본의 언론 시장 장악과 언론의 독과점 현상에 대한 우려를 낳기도 했다. 현재 우리나라 종합 편성 채널에는 JTBC, TV조선, 채널A, MBN 등이 있다. 종합 편성채널은 정해진 기간마다 재승인을 받아야 하는데 TV조선·채널A·JTBC가 지난

2017년 3월 재승인을 받았고, 보도 채널에서 전환된 MBN은 승인 시점이 달라 최근인 2017년 11월에 세부 평가 항목인 '방송 발전을 위한 지원 계획의 이행 및 방송법령 등 준수 여부'(100점)에서 37.06점을 받아 '조건부 재승인'을 받았다.

1. JTBC

　JTBC(Joongang Tongyang Broadcasting Company, 중앙미디어네트워크)는 2011년 3월에 창립하여 그해 12월에 개국하였다. ㈜중앙일보사에서 출자하여 설립한 방송사로 동양방송(TBC, 1964~1980년)이 전신이다. JTBC는 과거 언론 통폐합 정책으로 한국방송공사에 합병되었던 TBC의 후신임을 자처하며, 이러한 이유를 들어 1980년 11월 30일에 폐국된 TBC를 기념하여 2011년 12월 1일에 개국하였다. 회장은 중앙미디어네트워크의 홍석현이 맡고 있으며, 우리에게는 보도 부문 손석희 사장이 잘 알려져 있다. 사옥은 서울 중구 순화동 삼성생명일보빌딩에 있다가 2015년 상암동으로 이전하였다. 시사 교양에 치중하고 있는 다른 종편에 비하여 JTBC는 비교적 예능과 드라마 그리고 스포츠 분야에 치중했었지만, 2013년 5월 손석희를 보도 부문 사장으로 영입하여 JTBC 뉴스 9의 진행자로 내세워 호평을 받고 있다. 2014년 이뤄진 언론 신뢰도·영향력 평가에서 JTBC가 KBS를 제치고 대한민국 국내 방송사 중 1위를 차지했다.

　'다채로운 즐거움'을 슬로건으로 하여 방송 사업을 운영해 오고 있으며 보도, 드라마, 예능, 교양, 시사 프로그램들을 편성하고 있다. 대표적인 프로그램으로는 보도 부문의 〈뉴스룸〉, 예능 부문의 〈냉장고를 부탁해〉, 〈비정상회담〉, 〈히든 싱어〉 등이 있

다. 2016년 말, 〈뉴스룸〉이 국정농단 최순실 게이트에 대한 심층 보도와 발 빠른 취재로 각종 언론상을 잇달아 수상하면서 지상파를 위협하는 시청률을 기록한 바 있다. 한편 JTBC가 2017년 발표된 방송통신위원회의 '2016년 방송 평가'에서 종합 편성채널 중 평가 점수 85.73점(100점 만점)으로 1위를 기록했다. 참고로 지상파 방송의 경우 KBS 1TV가 88.46점으로 1위를 기록했다.

2. TV조선

　　TV조선(법인명 주식회사 조선방송)은 2011년 1월에 창립하여 그해 12월에 개국하였다. (주)조선일보가 출자하여 만든 방송사다. 2011년 12월 개국 당일, 화면이 위, 아래 2개로 분할되어 나오는 블랙아웃 상황이 몇 분가량 지속되는 방송 사고도 있었다. 그러나 2013년 5월 사회 지도층의 성 접대 의혹 특종 보도로 해당 기자들이 한국기자협회 선정 이달의 기자상 취재보도 부문상을 수상하기도 했다. 북한 문제, 북핵문제, 미사일 발사 등을 비롯한 큰 사건이 터질 때마다 다른 종편사에 비해 시청률이 상승하고 있다. 이는 보수층의 영향으로 다양한 시청자를 모으는 데는 한계점으로 작용하고 있다. 전반적으로 보수적 시청자들이 집결하는 현상을 보이고 있으며, 주요 프로그램은 〈강적들〉, 〈인생 다큐 마이웨이〉, 〈모란봉 클럽〉, 〈별별톡쇼〉 등이 있다.

3. 채널A

　　채널A는 2011년 12월에 개국한 방송사로 동아일보가 출자하여 만들었다. 제작 및 경영 철학은 '개방성과 창의성(Open & Creative)'이고 슬로건은 '꿈을 담는 캔버스, 채널A'이다. 전신은 1963년의 동아방송(DBS)이었으나 1980년 언론 통폐합으로 KBS 라디오서울로 변경되었다. 동아방송이 강제 폐국될 때까지 18년 동안 보도 · 교양 · 오락 등의 다양한 분야에서 수많은 인기 프로그램을 탄생시키며 한국 방송사의 큰 획을 그었다. 1991년 동아방송 주파수를 SBS가 사용하게 되면서 사실상 종영했고, 2007년 동아방송 시절의 프로그램을 동아닷컴을 통해 제공해 오다 2011년 법인 채널A가 설립되었다.

주요 프로그램은 〈이영돈 PD의 먹거리 X파일〉, 〈이제 만나러 갑니다〉, 〈외부자들〉, 〈서민갑부〉, 〈도시어부〉 등이 있다.

4. MBN

MBN(Maeil Broadcasting Network, 매일방송)은 매일경제신문이 운영하는 방송사이다. 1995년 매일경제신문사를 대주주로 하는 경제 전문 케이블 TV 방송사 '매일경제방송'이 개국하였고, 2002년 5월 미국의 경제 전문 케이블 방송사인 CNBC와 업무 협조 계약을 체결하여 MBN-CNBC로 채널명을 변경하였다. 2005년 7월 다시 MBN으로 이름을 바꾸었고, 2011년 12월 종합 편성 채널로 다시 개국하여 현재에 이르고 있다. MBN은 종합 뉴스 방송으로 시작하여 국내외 뉴스를 종합적으로 제공하였으며, 증권투자 전략, 부동산 전망, 인터넷 비즈니스, 창업 등 다양한 재테크 정보를 제공하고 있다. 종합 편성 케이블 TV 채널 가운데 가장 역사가 오래되었으며, 종합 편성 케이블TV 방송사 중 유일하게 지상파 DMB 방송 채널을 보유하고 있다. 주요 프로그램은 〈고수의 비법 황금알〉, 〈판도라〉, 〈속풀이쇼 동치미〉, 〈알토란〉 등이 있다.

TV나 모바일, 인터넷 등 방송의 형태가 다양해졌다. 그만큼 방송의 영향력이 커지고 있고, 방송 관련 직업에 대한 청소년의 관심도 높아지고 있다.

지금부터 드라마나 쇼, 각종 예능 프로그램, 뉴스 등에서 만날 수 있는 다양한 방송 관련 직업에 대해 알아본다.

Company

Broadcast

IV 방송과
방송국에서
볼 수 있는
직업들

01
연예인
(배우, 가수, 개그맨, 모델)

1. 연예인이란?

문화 및 예술 분야의 종사자로, 대중을 대상으로 연기, 음악, 무용, 쇼 등의 서비스를 제공하는 사람들을 말한다. 주로 연기자, 가수, 모델, 코미디언, 사회자 등이 있다. 과거에는 연예인이라는 직업에 대해 사회적 인식이 좋지 않았고, 속칭 '딴따라'라는 비속어까지 사용했던 시절도 있으나, 디지털 기술의 발전과 대중문화의 보급으로 연예인은 킬러 콘텐츠(killer contents, 미디어 시장에 큰 영향을 미치는 핵심 콘텐츠)의 중심 역할을 하며 전문직으로 자리매김하고 있다. 배우는 영화나 TV 드라마의 등장인물로 출연하여 대본과 감독의 연출에 따라 연기하는 사람을 말한다. 가수는 악단이나 녹음된 반주에 맞추어 방송국의 공연장이나 콘서트 무대에서 대중적인 노래를 부른다. 가수는 혼자서(솔로) 활동을 하는 사람도 있고 듀엣, 혹은 여러 명이 팀을 이루어 활동하기도 한다. 개그맨은 방송이나 기타 공연 장소에 출연하여 말과 몸짓으로 청중을 즐겁게 한다.

일반인이 가진 대표적인 편견 중 하나가 연예인은 화려한 직업이며 돈도 많이 번다고 생각하는 것이다. 하지만 소수의 인기 연예인을 제외하면 인기를 얻기까지 상당한 시간을 무명으로 보내기도 하고, 수입이 불규칙하여 경제적인 어려움을 겪는 경우가 더 많다. 반면 인기가 많은 연예인은 사생활을 보호받지 못하고, 하고 싶은 것을 마음대로 할수 없으며, 때로는 작은 실수가 큰 소문으로 번져 연예계 활동에 어려움을 겪기도 한다. 또 신인 배우나 가수에 밀려 인기가 떨어지는 것에 대한 스트레스도 크다.

2. 연예인이 하는 일

❶ **배우(연기자):** 드라마, 영화, 연극, 뮤지컬, 광고 등에 출연하여 연기를 하는 것을 직업으로 하는 사람이다. 활동 분야에 따라 영화배우, 연극배우, 탤런트(TV), 뮤지컬배우 등으로 불린다. 요즘은 장르를 뛰어넘어 만능 엔터테이너 시대로 접어들면서 배우가 가수를 하거나, 가수가 배우를 하거나, MC를 보거나 모델을 하는 경우도 생겨나고 있으며, 그 밖에도 다양한 분야에서 활동하는 경우가 많다.

배우는 섭외 요청이 들어오면 대본이나 시나리오를 검토하고, 스케줄을 정리해서 출연을 결정하게 된다. 물론 이 경우는 주연 배우나 유명 배우의 절차이며, 엑스트라 (extra) 또는 단역 배우는 주로 전문 용역 업체가 모집해 출연을 중개하고, 임시 또는 일용으로 고용되어 출연하는 것이 보통이다.

배역이 결정되고 작품 출연이 확정되면 인물의 캐릭터를 분석하고 연출자 및 감독, 작가 등과 논의하여 극중 인물에 맞는 표정, 행동, 대사 톤 등을 설정한다. 인물의 성격을 잘 표현할 수 있는 의상, 소품, 분장 등을 담당자와 협의하며 대본 연습, 리허설 등을 통해 함께 출연하는 배우와 호흡을 맞추고 자신의 대사를 암기한 후 촬영 혹은 공연에 들어간다. 극 중에서 필요하다고 판단되는 것(노래, 무용, 격투, 말타기, 언어) 등을 별도로 연습하여 연기 준비를 하기도 한다. 특히 연극배우는 무대에서 즉석 공연을 해야 하기

때문에 철저한 리허설을 통해 인물과 극의 흐름을 완벽히 소화해야 한다. 녹화가 완료된 영화나 드라마는 화면을 보고 목소리를 녹음하기도 한다.

❷ 개그맨, 코미디언: 사실 '개그맨', '희극인', '코미디언'은 다 같은 말이다. 개그맨은 한국에서만 통용되는 용어로 개그(gag)란 '장난', '농담', '익살'이라는 뜻이다.

1970년대 코미디 프로그램 폐지로 침체기를 겪고 있었는데, 반짝이는 아이디어와 감각적이고 재치 있는 말과 표정으로 웃음을 유발하는 코미디언들이 등장했고 이들을 개그맨이라고 칭하면서 생겨난 단어다.

개그맨이나 코미디언은 개그 프로그램이나 코미디 쇼 등에서 재치 있는 말과 익살스러운 행동 등으로 웃음을 유발시키는 일을 한다. 극단 등을 통한 공연의 경우 다양한 즉흥 연기와 돌발 상황 연출이 가능해야 하며, 방송의 경우에는 아이템 회의 때부터 PD, 작가와 함께 대본을 만들고, 자체적으로 평가한 후 무대에 올린다. 보통 단막극 형식의 희극으로 청중을 웃길 수 있는 언어와 행동을 창작하고, 개인 또는 단체로 대사와 행동을 연습하여 무대나 드라마에서 청중에게 웃음을 주는 연기를 한다.

❸ **가수**: 가수는 방송국이나 공연장, 야외무대에서 대중을 즐겁게 하기 위하여 음악에 맞추어 노래를 부르거나 춤을 춘다. 가수는 악보를 보고 피아노, 기타 또는 녹음된 악단의 반주에 맞추어 리듬을 확인하고 노래를 연습한다. 직접 작사, 작곡, 편곡까지 하는 가수도 있다. 뮤직비디오 제작에 많은 비용과 시간을 투자했던 적도 있다. 이들은 CF 및 영화, 드라마 등으로 활동 무대를 넓히는 경우도 많다. 또한 가창력과 연기력을 바탕으로 뮤지컬 배우로 활약하거나 자신의 팀이나 음반과는 별도로 드라마, 영화를 위한 곡을 부르거나 해당 드라마에 출연하기도 한다. 은퇴한 가수 중에는 음반 기획자로 진출하여 신인 가수를 양성하고 음반 제작에 참여하는 사람도 있다. 그 외 라이브클럽에서 노래를 부르거나 대학 축제 등 각종 행사에서 공연한다.

❹ **모델**: 모델은 패션쇼, 다양한 제품 광고에서 활동한다. 패션쇼의 경우 의상, 무대, 조명 등 전체 콘셉트에 맞춰 워킹이나 표정을 연출할 줄 알아야 하며, 리허설을 거쳐 패션쇼에 참가하게 된다. 광고나 화보 촬영 역시 표현하고자 하는 제품이나 분위기에 맞는 연기와 표현력이 필요하며, 광고 감독 혹은 사진작가와의 호흡을 맞추어야 한다.

3. 연예인이 되는 방법

연예인은 자신이 가진 재능을 보여주는 일을 하기 때문에 당당하고 자신감 있게 사람들 앞에 설 수 있어야 한다.

배우가 목표라면 다양한 배역을 소화할 수 있는 연기력과 연기에 대한 열정과 끼, 개성이 필요하다. 자신이 겪어 보지 못한 상황을 연기해야 하는 배우의 특성상 평소 문화

예술 방면에 관심을 가지는 것이 필요하며, 인간과 사회에 대해서도 많은 관심을 가지는 것이 표현력을 기르는 데 도움이 된다. 이전에 경험해 보지 못한 배역을 맡았다면 그에 대한 공부(사투리, 직업, 행동 방식 등)를 하고 그 사람 자체가 되려는 열정과 노력이 필요하다.

개그맨은 단순히 재미있는 말이나 몸짓으로 사람들에게 웃음을 주는 것이 아니라 풍자와 해학, 사회에 대한 냉정한 시각도 있어야 하고, 미디어를 통해서는 천박한 표현이나 비속어 등을 사용할 수 없기에 신중한 언어 선택과 자신만의 개성을 살릴 수 있는 아이디어를 생각해 내고 그것을 표현해낼 줄 알아야 한다. 관련 학과로는 예술고등학교, 전문대학 및 대학교의 연극영화과, 연기학과, 코미디연기학과, 방송연예과, 모델과 등이 있다.

영화배우는 영화사에서 실시하는 신인 배우 공개 오디션을 보거나 기획사나 사설 연기학원의 추천을 받기도 하고, 자신이 직접 프로필과 사진 등을 영화사나 기획사 등에 보내 오디션을 거쳐 영화에 출연하기도 한다. 보통 기존 영화배우의 추천을 통해 서울과 지방 연극단에서 실력을 쌓다 영입되는 경우도 있으며, 탤런트나 가수 중에서도 자신이 가진 끼와 노력을 더해서 영화배우로 나서는 경우도 있다.

연극배우는 오디션에 합격하거나 선후배의 추천으로 극단에 입단하여 활동하는 경우가 많다. 드라마 배우는 방송사의 공개 채용을 통해 활동할 수 있으며, 보통 즉석 연기와 개인기 심사, 카메라 테스트 등의 시험을 치른다. 하지만 방송사의 공개 채용은 비정기적으로 이루어지고 있고 이제는 거의 폐지되는 추세이다. 그리고 해당 방송사의 공채라고 해서 반드시 해당 방송국에서 써 주는 것도 아닌 시대로 가고 있다. 대부분 연예 기획사나 전문 사설학원 등에서 실력을 갈고닦아서 단역, 엑스트라 등을 거치면서 추천을 통해 출연하거나 연극, CF, 잡지 모델 등의 활동 경험으로 캐스팅되기도 한다. 배우 및 모델 중에는 매니저나 기획사의 관계자들이 길거리에서 섭외하는 로드 캐스팅을 통해 데뷔한 사람도 있다.

개그맨은 방송사의 정기 공채에 합격하거나 인맥에 의한 추천, 그리고 기획사에서 실시하는 공개 오디션을 거쳐 활동하며 연기 경험이 있으면 많은 도움이 된다. 공채 시험에서는 자신이 직접 구성한 콘티로 개그를 해야 하므로 시험 준비와 연습에 상당 기간이 소요되기도 한다. 주로 대학생 때 많은 도전을 한다.

모델은 모델 양성기관의 오디션을 거쳐 일정 기간 교육을 받은 후 활동하며 모델 전문 에이전시에 등록하여 활동하거나 프리랜서로 활동하기도 한다. 모델의 경우 일정한 신체 조건을 갖춘 사람을 대상으로 용모, 개성 등을 평가하여 교육한다. 요즘에는 연기자를 비롯해 모델을 시작하는 연령이 점차 낮아져 10대에 진출하는 사람도 많다.

❶ 배우: 필수적으로 요구되는 학력이나 전공 등의 제약은 없다. 배우는 무엇보다 연기력이 뒷받침되어야 하므로 예술고등학교나 대학에서 연기를 전공하거나 사설 교육기관의 연기자 양성 과정에서 훈련을 받고 진출하는 사람이 많은 것이 사실이다. 그러나 대학의 관련 학과에서는 연기에 필요한 발성, 동작, 대사 훈련, 연기 실습 등을 하며, 영화, 연극, TV 드라마 등의 제작 과정에 대해서도 공부할 뿐만 아니라, 연기 동아리 활동 등으로 연기 경험을 쌓기도 하고 극단이나 드라마 등에서 엑스트라 경험을 쌓는 일도 가능하다. 뿐만 아니라 해당 학교의 선배, 친구들이 먼저 진출하여 추천해 주는 경우도 있기 때문에 가능하다면 관련 학과에 진학하는 것이 좋다.

❷ 개그맨, 코미디언: 개그맨 및 코미디언도 학력이나 전공 등의 제약은 없다. 하지만 이 역시도 대학의 연극영화과나 연기학원에서 연기와 방송에 대해 공부하면 유리하다. 현재까지도 왕성하게 활동중인 신동엽, 유재석, 김생민, 송은이, 이영자 등이 모두 서울예대 출신이다. 이 학교가 대단하다거나, 단순한 우연이라고 보기보다는 자신이 끼를 펼

칠 공간에서 처절하게 웃기려거나, 뭔가 해보려고 노력하는 사람들끼리 있으면 더 좋은 결과를 거둘 수 있다는 뜻으로 해석해야 할 것이다. 보통 데뷔는 방송사의 개그 콘테스트를 통해서 한다. 당연한 말이지만, 개그 콘테스트에 합격하는 것은 시작일 뿐이며, 꾸준한 인기를 누리려면 사람들에게 웃음보따리를 선사할 아이디어를 생각해 낼 수 있는 창의력과 끊임없는 자기 변신과 노력이 필요하다. 실제로 개그 콘테스트에 합격한 뒤에도 이런 생활을 이겨 내지 못하고 그만 둔 사람도 많다.

❸ **가수**: 과거에는 각종 가요제(대학가요제, 강변가요제 등)에서 입상을 하거나 음반기획사의 신인 가수 공개 오디션을 통해 데뷔할 수 있었다. 지금은 방송사의 각종 오디션 프로그램을 통해 데뷔하거나, 거리 공연, 유튜브 등을 통해 먼저 입소문을 타고 데뷔하는 경우도 생겨나고 있다. 물론 오디션 프로그램에서 우승했다고 해도 몇 년 동안 보컬과 안무 등에 대한 트레이닝 과정을 거치는 것이 보통이며, 이 기간 중에 실력이 없다고 판단되면 음반을 내지 못하는 경우도 많다. 특별한 학력을 요구하지는 않으나 예술 고등학교와 대학의 실용 음악 관련 학과, 사설 교육기관 등에서 음악적 훈련을 쌓으면 유리하다. 실용 음악과에서는 드럼, 피아노, 베이스 등의 악기 연주와 작곡과 편곡, 컴퓨터 음악, 보컬 등에 대한 전문 이론 및 실기를 배울 수 있다. 대중 가수가 되려는 사람이 늘어나면서 사설 교육기관에서 보컬 과정을 개설하여 주로 호흡, 발성, 보컬 훈련 등을 교육하고 있다.

❹ **모델**: 예전에는 사설학원에서 워킹, 재즈댄스, 표정, 이미지 메이킹 등 모델에게 필요한 자질을 배웠으나 요즘에는 대학의 모델학과에서도 전문 모델을 양성하고 있다.

4. 연예인의 직업적 전망

한국고용정보원의 '2013~2023 인력 수급 전망'에 따르면, 2013년 배우 및 모델 취업자 수는 10,700명으로 2008년 7,100명 대비 3,700명(연평균 8.7%) 증가했다.

방송, 영화, 연극, 공연 등 엔터테인먼트 산업이 성장한 데다, 한류 열풍으로 문화 콘텐츠의 경제적 가치에 대한 인식이 높아졌으며, 수많은 연예기획사에서 오디션, 길거리 캐스팅 등을 통해 재능 있는 배우를 발굴하고, 다방면으로 전문적인 교육을 시키는 등 트레이닝을 거쳐 하나의 상품으로 만들어 내고 있다.

방송 산업의 경우 인터넷 망, IPTV, 케이블 TV 채널 확대, 종합 편성 채널 방송국 개국 등 방송 환경의 변화에 따라 방송 통신 간 융합이 더욱 가속화되고, 관련 시장도 확대되고 있으며, 방송 영상 콘텐츠 수요가 증가하고 있다. 이런 매체의 다양화와 성장으로 방송 프로그램은 다양해지고, 드라마 제작 편수도 증가하면서 배우들의 출연 기회는 더욱 늘어날 것이다.

하지만 배우, 가수, 모델 등 연예인은 대표적으로 부의 불평등이 심한 직종이다. 국세청 발표 결과 2016년 기준으로 배우의 경우 상위 1%는 평균 20.8억 원의 소득을 얻었으며, 전체 수입의 47.3%를 상위 1%가 독식했다. 가수는 상위 1% 평균 소득이 42.6억 원이고, 상위 1% 46명이 51.9%의 소득을 얻었다. 연예인의 평균 수입은 배우 4,200만 원, 가수 8,100만 원, 모델 1,100만 원이며, 상위 10%의 연 평균 수입은 배우 3.67억 원, 가수 7.32억 원, 모델 0.89억 원이다. 반대로 하위 90%의 연 평균 수입은 배우 620만 원, 가수 870만 원, 모델 270만 원으로 소득 양극화가 심각한 수준이다.

연예인은 초등학생부터 대학생, 일반인에게까지도 장래 희망 직업 TOP 10에 들 만큼 선망의 직업이지만 이들의 소득 분포는 승자 독식 구조이기 때문에 '한탕주의'로 흘러갈 가능성이 크다.

여기에 많은 연예인들이 영화, 연극, 방송, 뮤지컬, 광고 등 출연하는 장르를 고집하지 않고, 심지어 개그 프로그램, 예능 프로그램 출연을 당연시하면서 장르의 구분이 모호해지고 있다. 또한 새롭고 참신한 신인 배우에 대한 대중의 욕구가 증가하면서 신인 배우의 유입이 늘고, 인기를 잃고 외면당하기 까지의 시간도 짧아지고 있다. 기존 배우들은 인기를 지속적으로 유지하기 위해서 장르를 활발하게 넘나들고 있는데, 이러한 경향은 앞으로도 계속될 것으로 보인다. 따라서 고용 안정성이 보장되지 않은 연예인 분야에서 꾸준한 사랑을 얻기 위해서는 끼와 재능은 물론이고 남다른 노력이 필요할 것이다.

모델의 경우 모든 산업에서 광고와 마케팅의 비중이 높아지면서 수요가 증가하고 있지만 이 역시도 직업적인 수명이 길지 않아 이직과 전직이 빈번하다. 코미디언이나 개그맨의 경우 생명력을 유지하기 위해서는 참신한 아이디어와 탄탄한 연기력이 뒷받침되어야 하며, 대중에게 언제라도 웃음을 줄 수 있도록 노력해야 한다.

이처럼 연예인의 화려함 뒤엔 어두운 면도 많다. 겉보기엔 부유해 보이지만 사실은 가난한 직업이며, 유명한 연예인 외에는 대부분의 수입이 일반 회사원에 못 미치는 경우가 많기 때문이다.

Broadcast

02 아나운서

1. 아나운서란?

아나운서는 라디오와 텔레비전 방송을 통하여 사람들에게 뉴스, 공보, 기타 알려야 할 사항을 발표하고, 프로그램을 진행한다. 아나운서라는 말은 방송국의 모든 프로그램 진행자, 즉 앵커(Anchor), 뉴스캐스터(News Caster), 스포츠캐스터(Sprots Caster), 교양 · 오락 프로그램 사회자(MC), 리포터(Reporter) 등을 포괄하는 의미로도 쓰인다.

아나운서는 시청자에게 정확하고 다양한 소식을 전하기 위해 평소 여러 가지 주제에 대해 폭넓은 교양과 지식을 갖추고 있어야 한다. 방송을 할 때는 물론 대본이 있지만 생방송으로 진행되는 경우 불의의 사고가 발생할 수 있기 때문에 상황에 따라 재치있게 대처하는 순발력도 필요하다. 방송 프로그램이 다양해진 만큼 아나운서의 역할도 더욱 폭넓고 다양해졌고 늘 새로운 정보나 지식을 전달해야 하므로 사회 · 문화 · 정치 · 경제 전반에 대해 항상 공부하는 자세가 필요하다.

2. 아나운서가 하는 일

아나운서가 하는 일은 프로그램에 따라 다르다. 뉴스 진행, 교양 · 예능 프로그램 진행, 대담 프로그램 진행, 스포츠 캐스터, 라디오 프로그램 진행 등 크게 5개 분야로 나눌 수 있다. 그 밖에 다큐멘터리 내레이션, 방송 순서, 프로그램 소개 등 목소리만 들리는 방송을 녹음하거나 라디오 방송에서 시간을 알려 주거나 교통 방송 등을 진행하기도 한다.

아나운서의 근무 시간은 자신이 맡은 프로그램의 방송 및 녹화 시간에 따라 천차만별이다. 자정 뉴스나 밤늦게 진행하는 프로그램을 위해 야근을 해야 하고, 명절이나 연휴 때에는 특별 프로그램의 편성으로 평소보다 더 많은 시간 동안 일하는 경우도 있다. 유사 직종인 리포터는 프리랜서로 활동하는 경우가 많아 근무 시간이 자유로운 편이지만, 일단 프로그램을 맡게 되면 매우 바빠진다. 전파를 타고 빠른 시간 안에 전국 · 전세계로 확산되는 방송의 특성상 항상 긴장하고 업무에 임해야 하며, 특히 생방송으로 진행할 때에는 주어진 시간 안에 모든 소식을 전달해야 하고 실수하지 않아야 한다는 압박감에 시달리는 등 스트레스가 큰 편이다. 또한 현장 취재 때문에 외근이나 지방 출장, 해외 출장을 가는 일도 있다.

❶ **뉴스 진행자**: 앵커라고도 한다. 방송 직전에 미리 대본을 읽어 무엇에 관한 내용인가를 파악하고, 방송 진행 중에 쉽게 알아 볼 수 있도록 표시를 해 둔다. 진행 순서에 따라 준비된 뉴스를 발표하고 취재기자를 연결해서 현장 상황을 시청자에게 전달하도록 돕는다. 사건, 사고에 관련된 사람과 혹은 해당 분야의 전문가와 면담을 하고 사건의 원인, 진행 과정, 결과 등을 상세히 보도한다.

❷ **교양 · 오락 프로그램 진행자**: 우리가 흔히 접하는 MC(Master of Ceremonies)가 이들이다. 건강 · 문화 등의 교양 프로그램과 공개 쇼, 오락 프로그램의 진행을 맡는다. 프로그램의 기획 의도를 파악하고 대본을 분석하며 정보를 얻기 위한 자료 조사를 한다. 인터뷰를 미리 해 보면서 다른 출연자와 호흡을 맞추는 등 상당 시간 방송 준비를 해야 하며, 텔레비전의 경우 시각적으로 보이기 때문에 의상, 분장에도 많은 신경을 써야 한다.

❸ **대담 프로그램 진행자**: 특정한 사람을 만나서 인터뷰를 하는 대담 프로그램이나 사회적 이슈에 대해 전문가들이 모여 토론을 벌이는 프로그램에서 사회를 보기도 한다. 상황에 맞는 적절한 질문을 하거나 토론 출연자들 사이의 의견을 조율하기 위해 평소 담당 분야에 대한 많은 공부가 필요하다. 그 밖에 퀴즈 프로그램을 진행하기도 하며 각종 의식이나 행사를 중계방송하기도 한다.

❹ **스포츠 캐스터**: 스포츠 뉴스를 진행하거나 스포츠 경기를 중계한다. 스포츠 중계는 대본없이 경기의 흐름에 맞춰 진행하므로 판단력과 순발력이 중요하며, 중계하는 스포츠 경기에 대한 이해와 풍부한 지식이 있어야 한다.

❺ **라디오 진행자**: 라디오 뉴스나 스포츠, 날씨 등을 방송하고, 음악 방송을 진행하기도 한다. 음악 방송을 진행할 때는 음악을 선정하거나 청취자가 보내온 사연을 들려주고, 초대 손님과 인터뷰를 하기도 한다. 때로는 재미난 코너를 진행하기도 하고 전화 연결을 통해 청취자와 만나기도 한다. 특별한 분장은 필요하지 않지만 정확한 발음과 음악적 지식이 필요하다.

3. 아나운서가 되는 방법

방송사에서 모집 공고를 내면 시험에 응시하여 합격하면 아나운서가 될 수 있다. 특별히 전공 제한은 없으며, 그동안 각 방송사에서 대졸자로 응시 자격을 제한하였던 것도 폐지되고 있는 추세이다. 하지만 대학에서 방송 관련 학과를 전공하면 방송 생활에 도움을 받을 수 있다. 현실적으로 대부분의 아나운서들은 각 방송사에서 운영하는 방송 아카데미나 전문 사설 교육기관에서 방송인이 되기 위한 교육을 받고 응시한다. 관련 교육기관에서는 방송 내용을 정확하게 전달할 수 있도록 표준어 구사, 발성, 호흡 등 기본적인 내용을 교육받게 되며, 뉴스, 쇼 프로그램 진행 등의 다양한 실습이 이루어지기 때문에 입사 후 현장에 적응하는 데 도움이 된다.

아나운서가 되려면 시청자들 앞에 나서는 것을 두려워하지 않는 적극성과 대담성, 자신감이 필요하다. 특히 생방송에 투입되거나 새로운 소식을 전할 때가 많은 만큼 빠른 판단력과 순발력, 재치, 임기응변 등이 뛰어나야 한다. 프로그램을 진행하기 위해서는 다양한 주제에 대한 폭넓은 교양과 지식이 필요하므로 평소 사회, 경제, 문화 등 다양한 분야에 관심과 흥미를 갖고 꾸준히 배우려는 자세를 가지면 유리하다.

또한 표준어를 구사하고 국어에 대한 보통 이상의 지식을 갖추어야 한다. 올바른 표준어 사용은 물론 풍부한 표현, 정확한 발음, 기사의 내용에 맞는 억양 조절 등 언어 구사력도 매우 중요하다. KBS의 경우 방송사에서 주관하는 한국어능력시험에서 일정 점수 이상을 필수적으로 획득해야만 한다.

아나운서는 시청자들에게 호감과 믿음을 줄 수 있는 친숙한 목소리와 외모를 가지고 있으면 유리하다. 자세는 전달하는 내용의 신뢰도를 결정하기 때문에 곧게 서 있어야 하고, 짝다리를 짚거나 어깨가 앞으로 굽거나 턱이 위로 자꾸 들리는 자세나 습관이 있다면 반드시 고쳐야 한다. 방송국의 얼굴이라고 하는 아나운서가 되고 싶은 사람들이 늘어나면서 경쟁은 점점 치열해지고 있다. 1,000대 1을 훌쩍 뛰어넘는 경쟁률을 기록하기도 한다. 주로 지상파 방송사, 종합 유선 방송사, 기업의 사내 방송국 등에서 활동한다.

보통 지상파 방송사는 연 1회 공개 채용을 하는데 '서류전형 → 필기시험(교양, 논술 등) → 카메라 및 음성 테스트 → 면접' 등의 단계를 거쳐 선발된다. 이 과정에서 한국어능력시험 성적과 토익, 토플, 텝스 등의 공인 영어 시험 성적을 요구하기도 한다.

입사하고 나서 처음에는 방송 순서를 알리는 등 가벼운 업무를 주로 하며, 현장 경험을 익히고 경력을 쌓아 점차 비중 있는 프로그램을 담당한다. 능력과 인지도를 겸비한 아나운서의 경우 프리랜서로 독립하여 예능 프로그램 등 다양한 영역의 프로그램에 출연하여 자신의 활동 영역을 넓히는 경우가 많다. 기상 캐스터, 교통 리포터 등 자신만의 고유 영역에서 전문성을 인정받아 활동하기도 한다.

4. 아나운서의 직업적 전망

IT 산업과 모바일 등 뉴미디어의 발전으로 점점 다매체, 다채널의 시대로 접어들고

있고, 과거 지상파 방송뿐이었던 것에서 종합 유선 방송(CATV), 지역 민영 방송, 중계 유선 방송에 이어 인터넷으로까지 방송 영역이 확대되었다. 여기에 종합 편성 채널과 모바일 채널까지 생겨남에 따라 프로그램을 진행하는 아나운서의 쓰임은 줄어들지 않을 것이다. 그러나 연기자나 개그맨 등이 아나운서의 전문 영역이라 할 수 있는 프로그램 진행자로 많이 진출하고 있고, PD나 기자, 그 외 각 분야 전문가 등이 방송을 직접 진행하는 경우도 증가하고 있어 아나운서의 활동 무대가 좁아지고 있다. 이런 직업의 크로스오버(장르교차)는 아나운서 일자리에 부정적인 영향을 미칠 수도 있을 것이다.

여행, 문화, 패션, 음식 등의 소식을 전하는 프로그램이 증가하면서 리포터가 활동할 수 있는 영역이 더욱 전문화·다양화되고 있어 향후 특정 분야에 전문화된 지식을 갖고 활동하는 전문 리포터의 수요가 늘 것으로 예상된다. 이 경우 단순한 정보 전달 역할을 하는 리포터에 대한 고용을 줄어들 수 있기에 방송 리포터는 철저한 자기 관리가 필요하다.

관련 직업으로는 게임캐스터, 게임자키, 경기장 아나운서, 기상캐스터, 디스크자키(DJ), 비디오자키(VJ), 쇼핑 호스트, 증권시황 방송원 등이 있다.

Broadcast

03
방송 기자

1. 방송 기자란?

방송국의 보도국에 소속되어 국내외에서 발생한 주요 사건·사고 및 정보를 취재하고 기사를 작성한 후 방송으로 제작해 보도하는 일을 한다. 화재나 교통사고가 발생한 곳, 시위가 벌어지는 곳, 문화 행사가 열리는 곳, 중요한 국가 행사가 열리는 곳, 스포츠 경기장 등 사람들이 궁금해할 만한 현장을 찾아가 취재하고 빠르고 정확하게 시청자에게 소식을 알린다. 또한 카메라 기자 등 취재진과 함께 현장에 도착하여 이동 방송차를 이용하여 생방송을 중계하기도 한다.

방송 기자는 사회 현상을 정확히 이해하고 객관적으로 분석할 수 있

는 능력이 필요하다. 훌륭한 기자가 되려면 평소 시
사나 상식에 관심을 두고 그와 관련된 책을 많이
읽어야 한다. 또 특종이 될 수 있는 기삿거리를
찾아내기 위해 여러 사람을 만나고, 여러 곳을 다
녀야 한다. 그래서 알아낸 사실을 사람들이 이해하기
쉽도록 정확하고 논리적으로 글을 쓸 수 있어야 한다.

　기자는 출퇴근 시간이 일정치 않고 근무 시간도 불규칙하
다. 사건 사고가 발생하면 언제든지 현장으로 가서 취재할 준비
가 되어 있어야 하기 때문이다. 특히 스포츠 기자는 대부분의 경기
가 야간과 주말에 있기 때문에 주말을 거의 경기장에서 보내게 된다.
기사 마감 시간, 타 언론사와의 취재 경쟁, 특종과 기사 아이디어 등에 대
한 스트레스와 언제 발생할지 모르는 사건 사고 등으로 늘 긴장감 속에서
생활한다는 단점이 있다.

2. 세상이 돌아가는 현장을 잡는 직업, 기자

　'기자는 발로 기사를 쓴다'는 말이 있다. 여기저기 찾아다니며 사람들의 이야기를 주
의 깊게 듣고, 세상 돌아가는 일에 관심을 가져야 한다는 뜻이다. 기자는 각종 사건 사
고, 스포츠, 정치, 문화 소식, 생활 정보, 그리고 세계 각국에서 일어나는 일을 기사화하
여 방송, 신문, 인터넷 등의 매체를 통해 신속하게 제공한다. 활동 분
야에 따라 방송 기자, 신문 기자, 잡지 기자, 인터넷 기자로 불린
다. 이 밖에 기업이나 단체, 협회의 이미지 제고와 회원 소식 전
달을 위해 발행하는 사보, 협회보 등을 담당하는 기자도 있으
며 해외에 파견되어 해당 국가의 각종 소식을 전하는 특파원
도 있다.

❶ **방송 기자**: 방송사의 정치부, 사회부, 문화부, 경제부, 국
제부, 체육부 등에 소속되어 해당 사건 사고, 뉴스를 취재하
고, 관련 인물을 인터뷰하여 기사화하는 일을 한다. 독자 제
보를 받거나 경찰서, 정부 부처에 출입하면서 해당 기관과 관
련한 뉴스, 인물 등을 취재하고, 기사화될 만한 것을 직접 찾
아내 심층취재를 하기도 하며 기자 회견에 참여하기도 한다.
방송 기자는 보통 취재 계획서를 회사에 제출하여 평가받고,

취재 승인을 받으면 일정을 잡아 촬영기자, 뉴스 오디오맨과 한 팀이 되어 사건 · 사고 현장으로 취재를 간다. 취재 후 방송 시간에 맞춰 방송국으로 촬영 테이프나 데이터를 보내면 이를 편집하여 방송에 내보낸다.

❷ **신문 기자:** 신문사 사무실에서 기사를 작성할 때도 있지 만 대부분 취재 현장에서 기사를 작성하여 마감 시 간에 늦지 않도록 신문사로 보낸다. 이런 일이 가능 해진 것은 노트북, 인터넷, 메일, 디지털카메라 덕분 이다. 방송사와 신문사는 기자들이 취재하여 보내온 촬영 테이프나 기사 내용을 점검하고 별도의 편집기자 가 있어 방송 또는 신문에 나오기 적합하게 편집한다. 특 히 신문사의 편집기자는 여러 명의 기자가 취재해 온 내용

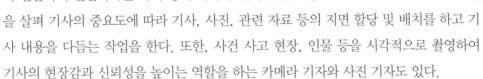

을 살펴 기사의 중요도에 따라 기사, 사진, 관련 자료 등의 지면 할당 및 배치를 하고 기 사 내용을 다듬는 작업을 한다. 또한, 사건 사고 현장, 인물 등을 시각적으로 촬영하여 기사의 현장감과 신뢰성을 높이는 역할을 하는 카메라 기자와 사진 기자도 있다.

❸ **잡지 기자:** 시사 잡지, 여성 잡지, 레저 관련 잡지 등 특정 분야를 주로 다루는 잡지사 에 소속되어 주간, 월간, 분기별(계간, 격월간 등)로 발간되는 잡지의 내용을 기획하여 취 재하고 인터뷰하여 기사를 작성한다. 규모가 있는 잡지사의 경우 취재기자, 사진기자, 편집기자 등이 별도로 있으나 소규모 잡지사에서는 한 명의 기자가 섭외부터 인터뷰, 사진 촬영까지 모두 담당하기도 한다.

❹ **전문 기자:** 요즘은 일반인의 상식 수준이 높아졌기에 이에 대한 지적 욕구 충족을 위해 취재 분야가 전 문화되어 정치, 경제, 사회, 문화, 스포츠, 의 학, 정보 통신, 환경, 과학 기술, 기상 등 특 정 분야의 전문 기자로 활동하는 사 람이 많다. 스포츠 기자는 축구, 야구 등 각종 경기를 관전하고 선 수 인터뷰나 경기 결과를 기사화 하여 전송한다. 연예 기자는 연예 관련 뉴스를 취재하여 기사화한 다. 전문 기자는 자신의 분야에서 마당발인 경우가 대부분이다.

3. 방송 기자가 되는 방법

좋은 기사를 쓰려면 사회 현상을 올바르게 이해하고 객관적으로 분석할 수 있어야 하기 때문에 평소 시사나 상식에 관심을 두고 공부해야 한다. 또 많은 사람을 만나 취재하고 인터뷰하기 때문에 유창한 언변과 상대를 끌어들이는 대화능력이 있어야 하며, 기사를 읽는 사람이 내용을 이해하기 쉽도록 정확하고 논리적으로 글을 쓸 수 있어야 한다. 인터넷 신문의 편집기자는 컴퓨터 활용 능력은 물론 디자인 프로그램, 인터넷의 구조나 웹 관련 프로그램도 다루어야 하는 경우도 많다.

기자가 되기 위해 필수적으로 요구되는 전공은 없지만 대학에서 신문방송학과, 정치학과, 사회학과 등을 전공하면 유리하다. 기자 중에는 전문 기자라 하여 의학, 법학, 문학 등과 같이 특정 전문 분야의 지식을 갖춘 기자도 있는데, 전문 기자가 되기 위해서는 해당 분야의 전공자이거나 의사, 변호사 등의 전문 자격증을 소지하고 있어야 한다.

❶ **취업**: 기자가 필요한 곳은 지상파 방송 3사 (KBS, MBC, SBS)를 비롯해 종합 편성 채널, 보도 채널, 종합 유선 방송, 지역 민영 방송, 위성 방송 등의 방송국과 일간지, 지역 신문사, 잡지사, 기업체 홍보실, 인터넷 언론사 등이다.

지상파 방송사와 주요 일간지의 경우 주로 공개 채용을 하며 일반적으로 매년 7~9월 사이에 채용 공고가 난다. 방송사 및 언론사 등에 따라 전형방법은 차이가 있지만, 보통 '서류전형 → 필기시험 → 면접' 등을 거쳐 채용이 이루어진다. 필기시험에는 논술, 상식 등을 치르는데 시사 문제와 관련한 특정 주제를 주고 발표를 하게 하거나 기사 작성을 하도록 하는 곳도 있다. 방송 기자의 경우 카메라 테스트를 거쳐야 한다.

기자 채용에 전공, 학력, 연령 제한을 두지 않는 곳도 늘고 있으나 주요 언론사의 경우 4년제 대학교 졸업 이상자로 학력을 제한하고 있으며, 일부 신문사에서는 인턴, 대학생 기자 등의 경험이 있는 사람을 우대하기도 한다.

❷ **경력 개발 및 승진**: 언론사에 따라 3~6개월 정도의 수습 기간을 거치는데, 처음에는

사회부에 소속되어 경찰서에 출입하면서 기자로서 훈련을 받게 된다. 그 후 정치부, 경제부 등을 거쳐 기자로서 자질을 키운다. 이 코스는 신문사의 경우이고, 방송국은 회사의 형편에 따라 교육·훈련을 한다. 평기자로 10년 이상을 보내게 되며 '차장 → 부장 → 부국장 → 편집국장(방송사의 경우 보도국장)' 등의 단계를 거쳐 승진한다.

4. 방송 기자의 직업적 전망

방송통신위원회의 '2012년 방송 산업 실태조사 보고서'에 따르면 방송 기자의 경우 2007년 3,045명에서 2011년 3,660명으로 늘어났다.

직업 선호도가 높은 편이지만 그만큼 방송이나 주요 언론사의 채용은 언론고시라 부를 정도로 준비 기간이 길며 경쟁 또한 매우 치열하다. 뉴스 미디어는 과거 매체인 신문이나 잡지에서 방송과 인터넷 뉴스로 옮겨갔다. 방송 기자들이 주로 활동하는 공간이 지상파 방송 3사에서 IPTV, 종합 편성 채널 및 보도 채널 등으로 늘어났다.

하지만 IT와 미디어의 융합과 활용 능력 향상으로 누구나 글을 쓰고 사진과 영상을 찍어서 인터넷에 올리는 것이 가능해지면서 취재기자도 편집과 사진 촬영까지 담당하도록 요구 받고 있다. 장기적인 경기 침체나 경영 악화, 광고료 수입 감소, 시청률 저하 등이 겹치면 PD, 아나운서, 리포터 등으로 대체될 수도 있다.

방송 기자는 발 빠르게 취재를 다녀야 하는 일의 특성상 30대의 젊은 인력이 많이 활동하고 있다. 보통 40대 이상이 되면 취재 업무보다는 관리직으로 이동하거나, 다양한 분야의 전문 지식과 인맥을 쌓아 기업체 홍보나 광고 및 홍보 대행사 등 타 분야로 이직·전직하기도 한다.

방송 기자

이대욱

기자가 구체적으로 어떤 일을 하는지, 기사가 만들어지는 과정에 대해 알려 주세요.

가장 일반적인 사건 뉴스의 경우, 사건이 나면 경찰서에서 간단히 브리핑을 해 줍니다. 이 사건에 대해 취재를 하고 싶으면, 담당자를 찾아가서 인터뷰 및 현장 촬영을 하고 방송국으로 들어와 기사를 작성합니다. 기사는 정확해야 하기 때문에 꼭 데스크 검수 과정을 거쳐야 해요. 기사가 완결되면 먼저 녹음을 합니다. 오디오 부스에서 기사를 먼저 읽는 것이지요. 촬영본과 녹음한 것을 가지고 편집기사와 함께 편집을 한 후 뉴스 센터로 넘기면 8시 뉴스에 방송이 됩니다. 이런 기사는 그날 촬영해서 그날 방송에 나가고, 기획 기사는 2~3일간 혹은 장기간 취재하기도 합니다.

과정이 굉장히 액티브하게 느껴지는데요. 언제부터 기자가 되고 싶다는 꿈을 꾸셨나요?

저는 책상에 가만히 앉아 있기보다는 돌아다니는 것을 좋아해서 여행 작가나 외교관, 기자 같이 활동적인 직업을 하면 좋겠다는 생각을 했는데요. 기자가 되고 싶다는 꿈을 꾸게 된 데는 저희 아버지의 역할도 컸던 것 같아요. 아버지께서는 아침을 드시면서 항상 그날 조간신문에 난 기사에 대해 이런저런 말씀을 해 주셨어요. 그래서 뉴스라는 것이, 또 그것을

쓰는 기자라는 직업이 사람들에게 상당히 큰 영향을 끼치는 직업이구나… 나도 한번 해 보고 싶다는 생각을 하게 됐고요. 또 대학교 1학년 때 강준만 교수의 책을 많이 읽었는데, 그분이 기자 출신이셨거든요. 이 분이 말하는 기자의 매력, 기자의 한계를 나도 직접 체험해 보고 싶어서 기자가 될 것을 결심하게 됐습니다.

예전에는 언론고시라는 말까지 있을 정도로 언론사에 취직하기 어려웠잖아요. 기자가 되기 위한 준비는 어떻게 하셨나요?

'언론고시'라는 표현이 적절한지는 잘 모르겠지만 그런 말을 쓰는 사람이 많았죠. 언론사마다 상식, 한자, 영어 등 필기시험을 통해 PD나 기자를 뽑았으니까요. 그런데 지금은 언론사마다 시험의 유형이나 평가 방식이 달라져서 언론고시라는 말로 묶기는 어려워요. SBS 같은 경우 합숙 면접이 있습니다. 2박 3일 동안 합숙하면서 기사를 써 보고, 토론하고 발표하는 과정을 통해 이 사람이 기자가 되면 일을 잘 할 수 있겠는지 평가하는 것이지요.

저는 대학 다니면서 창작극회 동아리 활동을 했어요. 창작극을 만들어 공연을 올려야 하니까 기획부터, 대본, 공연, 진행을 직접 해야 했는데 그 과정에서 엄청 많이 배웠어요. 어떻게 사람들에게 이야기를 전하

> 관심이 가는 어떤 사안을 정해서 **자료 조사해서 공부를 한 후 완결된 글을 자꾸 써 보세요.** 독후감일 수도 있고 세상 돌아가는 이야기일 수도 있어요.

고 공감을 얻을 수 있는지 몸으로 체험하면서 배운 거예요. 또 언론사를 준비하는 학생들끼리 모여서 주제를 정해 토론하고, 글을 써 보는 연습을 한 것도 엄청 도움이 됐습니다. 글을 쓸 때, 멋지고 어려운 표현을 쓰는 게 중요한 것이 아니라 명료한 논리로 내용을 쉽게 전달하는 것이 중요하다는 것을 스터디를 하면서 알게 됐어요.

 기대하던 기자가 된 후, 직접 일을 해 보니 어떠셨나요? 기대만큼 재미있었는지요?

처음 기자가 된 후, 경찰서나 검찰 등 취재원으로부터 정말 다양한 사건 소식과 정보들을 듣는 일이 재미있었어요. 선배들한테 이 사건을 어떻게 해석해야 하는지도 배우고, 4~5년 차까지는 9시 이전에 퇴근한 적이 단 한 번도 없을 정도로 일에 빠져 지냈어요. 그런데 어느 순간부터 내가 쓴 기사가 그 관점이 맞는지, 혹시 그 기사 때문에 상처받는 사람들은 없는지 부끄러울 때도 있고 미안해질 때도 있더라고요. 그런 고민 때문에 〈뉴스추적〉 같은 호흡이 긴 취재 프로그램에 지원하기도 했는데요. 여전히 그 고민은 하고 있습니다.

요즘 '기레기'라는 말도 있잖아요. 기자들이 종종 욕을 먹기도 하는데, 기자로서 그런 부분은 좀 억울할 수도 있을 것 같은데요?

사실 기자들이 한때, 스스로 권력을 갖고 있는 직업이라고 생각하기도 하고, 대외적으로도 그렇게 평가받았던 시기가 있었어요. 기자가 일반 시민들이나 사회적 약자의 눈높이에서 세상을 보고 사안을 취재해서 기사를 써야 하는데, 취재원들이 검찰, 정치인 등 권력

집단일 경우가 많거든요. 그 사람들을 자꾸 만나다 보면 그들에게 동화돼서 자신도 모르게 기득권의 시각을 갖게 되기도 하는 것 같아요. 저도 어느 순간 "기자님, 기자님" 하면서 상대방이 베푸는 호의를 당연하게 받아들이고 있는 저 자신을 발견하고, 굉장히 부끄러웠던 적이 있어요. 기자가 정말 조심하고 경계해야 할 부분이에요.

 기자 생활을 하면서 여러 사건을 다뤘을 텐데, 가장 기억에 남는 취재는 어떤 것이었나요?

최근에 다시 이슈가 됐던 사건인데요. '익산 택시기사 살인사건'이라고. 사건에 대해 간단히 설명드리면, 익산 약촌 오거리에서 택시기사가 칼에 찔린 채 발견됐어요. 유일한 목격자였던 15세 소년이 범인으로 지목되어 수감되어 있는 중, 진짜 범인이 잡힌 거예요. 그런데 검찰은 진짜 범인을 그냥 놔주고, 15세 소년은 9년간의 형을 다 살고 나옵니다.

제가 이 사건을 처음 접한 것은 수습 기자 시절이었는데, 크게 뉴스가 되지도 않고 그냥 유야무야 지나가 버렸어요. 이 친구가 얼마나 억울할까, 나중에 기회가 되면 다시 취재해봐야겠다 생각했었죠. 이후 제가 〈뉴스추적〉을 할 때 이 친구 생각이 나서 찾아보니 마침 출소일이 가까워졌더라고요. 전주로 내려가서 방송으로 만들어 보자고 한 달 동안 설득했어요.

처음에는 이 친구가 그동안 취재해 갔던 팀들에게 상처를 받아서 방송을 절대 안 하려 했어요. 사실 방송을 해도 달라질 것이 없는 상황이어서 저도 너무 미안했거든요. 그래서 박준형 변호사에게 연락해서 이 사건을 다시 한번 검토해 달라고 부탁했는데 다행히 박변호사가 여러 가지 무죄 증거를 찾아서 재심을

청구했고, 이번에 기적처럼 무죄 판결을 받았어요. 사실 이렇게 재심을 하면 이길 확률이 거의 없다고 했거든요. 그래서 너무 걱정되고 불안해서 영화라도 만들어서 억울함이라도 풀어주자 하고 자료를 다 정리해서 영화감독을 찾아갔어요. 삼성 문제를 다룬 영화 〈또 하나의 약속〉을 만들었던 김태윤 감독님이 관심을 갖고 준비해서 최근에 〈재심〉이라는 영화로 개봉이 됐었죠. 이 사건은 영화보다 더 영화 같은 이야기라 저도 잊을 수가 없어요. 3년 정도는 이 사건에 미쳐 있었어요.

 이 사건처럼 하나의 기사가 큰 영향력을 발휘할 수도 있는데, 기자라는 직업을 가지려면 어떤 자질을 갖추어야 할까요?

먼저, 왜 저런 일이 일어날까? 세상에 대한 관심이 많아야 할 것 같아요. 그 관심의 기준은 일반 시민들의 눈높이여야 하고요. 양심과 정의를 지켜야 한다는 신념이 확고해야 해요. 그리고 계속 사람을 만나고 이야기를 들어야 하니까, 그런 것을 좋아하고 사람들하고 잘 어우러지는 성격이면 더 좋겠지요.

 기자가 되고 싶은 청소년들은 어떤 준비를 하면 좋을까요?

지금은 글을 쓰고 공유하는 공간이 많아요. 그래서 기자와 같은 역할을 하기가 정말 쉬워졌어요. 관심이 가는 어떤 사안을 정해서 자료를 조사하고 공부를 한 후 완결된 글을 자꾸 써 보세요. 독후감일 수도 있고 세상 돌아가는 이야기일 수도 있어요. 유치해도 상관없어요. 학생 때는 좋은 글이 나올 수가 없어요. 그게 정상이에요. 좋은 글은 경험이 쌓여야 나올 수 있거든요. 지금은 그걸 연습하는 시간이라 생각하면 될 것 같아요. 그리고 어떤 사안이든 흑과 백, 선과 악으로 구분하여 단순하게 보지 말고, 그 이면을 들여다보는 연습도 꼭 하라고 이야기해주고 싶어요. 각자의 입장 차이를 이해하려는 노력이 있어야 문제의 본질로 한 발 더 깊이 있게 다가갈 수 있을 겁니다.

04
기상 캐스터

Broadcast

1. 기상 캐스터란?

기상 캐스터는 기상청에서 1시간마다 들어오는 날씨 상황, 위성에서 직접 받은 구름 사진을 바탕으로 방송 보도용 기사를 작성하여, 날씨를 예보하고 설명하는 프로그램을 맡아 진행한다. 특히 태풍이 오거나 장마철에는 시시각각 변하는 날씨 정보를 곧바로 알려 주기 위해 24시간 대기하기도 하고 수시로 일하기도 한다.

2. 기상 캐스터가 하는 일

기상 캐스터가 하는 일을 살펴보면, 먼저 위성 사진 등 각종 기상관측 자료를 분석

한다. 그리고 기온, 구름, 바람 등 기상 상황을 보여 줄 방송 화면 그래픽의 순서를 정하고 영상 그래픽 디자이너와 협의한다. 방송 PD(방송 연출가)와 협의하여 최종적으로 기사를 편집한다. CG 영상이 비춰질 블루스크린을 옆에 두고 기상 보도 내용을 연습한 후 생방송 또는 녹화 방송을 한다. 야외 보도를 위해서는 촬영 장소 및 시간 등을 기획하고 중계차 기술자들과 협의한다. 현장에서 직접 날씨와 관련된 기사를 취재하기도 한다.

최근 들어 사이버 기상 캐스터의 활약도 두드러지는데, 이들은 인터넷을 통해 날씨는 물론, 기업의 마케팅 활동에 필요한 기상 정보를 알려 주는 일을 한다. 사이버 기상 캐스터가 되려면 기상기사 자격증이 필요하고, 일정 기간 동안 기상 관련 기관에서 근무한 경력이 있어야 한다.

3. 기상 캐스터가 되는 방법

기상 캐스터는 새로운 것에 대한 탐구 정신과 호기심, 창의성, 관찰력이 있어야 하며 천문학, 지구 대기학, 기상학에 대한 지식이 요구된다.

기상 캐스터가 되려면 기상 예보를 하는 프로그램이 있는 방송사에서 기상 캐스터를 모집할 때 지원해 합격해야 한다. 아나운서와는 별도로 기상 캐스터를 채용하고 있는데, 대부분 단정한 외모의 젊은 여성들이 캐스팅된다. 발음이 정확해야 하며 카메라 테스트에도 통과하여야 한다.

기상 캐스터는 대부분 프리랜서 방송인으로 회당 출연료를 받는다. 신분이 자유로운 편에 속해 공익 홍보 방송 등 광고에 출연하는 경우도 있다. 얼굴이 친숙하고, 남녀노소 모두에게 따뜻하고 예쁜 이미지로 남는 경우가 많아 연예계로 진출하는 경우도 있다.

기상 캐스터가 되기 위해 요구되는 국가 자격증은 없지만, 관련된 국가 자격증으로는 기상기사, 기상감정기사, 기상예보기술사가 있다.

Broadcast

05
리포터

1. 리포터란?

텔레비전, 라디오, 케이블, 인터넷 방송에서 취재내용을 보도하거나 오락, 교양, 시사, 음악 프로그램에 참여하여 프로그램을 이끈다. 이를 위해 현장에 가서 특별한 소식을 취재하거나 연예인이나 유명한 사람을 만나 인터뷰를 한 다음, 스튜디오에서 준비한 영상과 함께 생동감 있고 재치있는 말솜씨를 발휘해 해당 코너를 진행한다.

현장 취재가 많기 때문에 주로 밖에서 일하며, 지방이나 해외 출장을 가는 경우도 잦다. 생방송을 진행할 때는 실수하지 않기 위해 늘 긴장해야 하므로 스트레스가 많다.

2. 리포터가 하는 일

방송이 매끄럽게 진행되도록 상황과 역할에 맞는 멘트를 하고, 시청자나 청취자에게 날씨와 특별한 사건에 대한 정보를 알려 주기도 한다. 리포터는 주로 프로그램의 일부분을 맡아 진행하는데, 생동감 있는 현장을 소개하는 경우가 많아 생방송으로 진행하는 일이 잦다. 실제 방송되는 분량은 2~5분에 불과하지만 프로그램 회의에 참여하고 취재 대상과 장소를 직접 모색하기도 하며, 원고를 직접 작성하는 등 자신이 맡은 방송의 기획부터 편집까지 전 과정에 참여한다. 따라서 실제 일하는 시간은 상당하다. 요즘은 교통, 기상, 요리, 패션 등 자신만의 특화된 영역을 중심으로 활동하는 전문 리포터가 늘어나고 있다.

리포터는 대부분 프리랜서로 활동하는 경우가 많아 근무 시간이 자유로운 편이지만, 일단 프로그램을 맡으면 매우 바빠진다. 시간에 쫓기며 일할 때가 많고, 현장 취재 때문에 외근이나 지방 출장, 해외 출장 등도 잦다. 또 인터뷰 대상이나 취재 현장의 사정에 따라 새벽이나 밤늦은 시각에 일하고, 휴일이나 휴가가 일정하지 않을 때가 대부분이다.

3. 리포터가 되는 방법

리포터는 생방송에 투입되거나 새로운 소식을 전할 때가 많은 만큼 순발력과 재치, 임기응변 등이 뛰어나야 한다. 또한 창의력을 발휘하여 색다르면서도 더 좋은 방송을 만들어야 하며, 카메라를 이끌면서 취재를 진행하는 센스도 필요하다. 프로그램을 진행하기 위해서는 다양한 주제에 대한 폭넓은 교양과 지식이 필요하다. 또한, 간결하고 흥미롭게 내용을 전달할 수 있는 기술과 정확한 언어 구사 능력, 자연스러운 표준어 구사 능력이 요구된다.

❶ **취업 및 경력 개발:** 리포터는 대부분 방송사에서 카메라와 오디오 테스트를 거쳐 선발

되지만 방송아카데미나 사설 학원 등의 추천을 통해 일하는 경우도 많다. 경력을 쌓아 특정 분야의 아나운서가 되기도 하며, 기상 캐스터, 교통 리포터 등 자신만의 고유 영역에서 전문성을 인정받아 활동하기도 한다.

❷ **교육 및 훈련 정보:** 전공 제한은 없으며, 종편 방송사들이 생겨나면서 응시 자격을 대학 졸업자로 제한하던 것도 일부 폐지되고 있다. 다만, 대학에서 국어국문학과, 언론정보학과, 신문방송학과 등을 전공하면 지식적인 측면에서 기본기를 쌓을 수 있어 방송생활에 도움이 될 수 있다.

교육기관으로서는 각 방송사에서 운영하는 방송아카데미와 전문 사설 교육기관 등이 있다. 표준어 구사, 발성, 호흡 등 방송 내용 전달에 필요한 기본적인 능력을 갖추도록 교육하며, 뉴스, 쇼 프로그램 진행 등 다양한 실습도 이루어진다. 관련 자격으로 한국어능력시험이 있다.

Interview

프리랜서 리포터

김용식

리포터란 어떤 직업인가요?

현장에서 벌어지는 어떤 콘텐츠에 의미와 시각을 부여해서 현장 상황을 전달하는 역할을 하는 사람이 리포터입니다. 지금까지 우리나라에서는 일반 출연자들이 카메라 앞에서 좀 더 어색하지 않게 이야기를 꺼내 주고 재미있게 상황을 전달하는 역할로 한정되어 있었지만, 본래 리포터의 역할은 좀 더 넓다고 할 수 있어요.

리포터는 언제, 어떻게 시작하게 됐나요?

저는 원래 컴퓨터를 전공한 컴퓨터 프로그래머였어요. 20대 후반 즈음, 학교 선배들이나 사장님을 보니 프로그램을 짜는 게 아니라 다들 영업을 하시더라고요. 저는 영업 쪽 일을 하고 싶진 않으니 미래를 생각해서 직업을 바꿔야겠다 생각하던 중에, TV에 리포터가 나오는 장면을 보면서 "아! 저걸 해야겠다!"는 생각이 들었어요. 직접 현장에 나가서 취재를 하는 모습이 너무 좋아 보였거든요. 이 직업을 좀 더 전문화하면 승산이 있겠다는 생각도 들었고요. 그런데, 그 당시 저는 발음, 발성 등 기본 자질도 안 되고, 성격은 내성적이라 혼자 있는 것을 좋아하는, 그야말로 리포터와는 전혀 안 맞는 사람이었어요. 그러니까 아무것도 없는 제로 상태에서 모든 것을 배워야 했어요.

어떻게 배웠는지 구체적으로 알려 주세요.

일단, 제가 기초부터 배워야 하니까 학원을 알아봤어요. 리포터 전문학원은 딱 한 군데뿐이어서 그곳에 등록해 3개월간 공부한 후 리포터를 시작했어요. 리포터는 현장에도 나가고 스튜디오에서 진행도 하잖아요. 그러니까 현장 취재하는 법, 스튜디오 멘트와 내레이션하는법, 표정, 몸짓, 카메라 보는 법, 이런 과정을 배웠죠. 물론 학원에서 이론을 배운다고 바로 늘지 않아요.

제가 후배들한테 늘 얘기하는데, '리포터를 어떻게 하느냐' 이 방법은 존재하지 않습니다. 아니 방법은 1주일이면 다 알아요. 그 배운 방법대로 내 몸과 머리가 안 따라줄 뿐인 것이죠. 이건 예를 들면 100kg짜리 덤벨을 드는 것과 같다고 할 수 있습니다. 덤벨 드는 방법은 1분이면 알아요. 다리를 어떻게 벌리고 어디에 힘을 줘라, 다 알죠. 그런데 내 근육이 안 따라줘서 방법을 알아도 들지를 못합니다. 리포터도 마찬가지예요. 말이 잘 안 되거나 애드리브가 안 되는 이유는 폐활량이든, 순발력이든 내 몸이 안 따라주는 거예요. 이걸 극복하기 위해선 끝없는 연습, 시간 투자가 필요한 거죠. 저도 그렇게 연습하면서 하나씩 바꿔갔어요. 물론 지금도 연습하고 있고요.

저는 녹음을 정말 많이 했어요. 녹음한 자기 목소리를 들으면 뭔가 이상하거든요. 안 이상하게 들릴 때까

지 계속 시도를 해 보는 거예요. 톤을 바꿔 보고, 그래도 이상하면 속도를 바꾸고, 또 이상하면 말하는 포즈를 바꾸고, 또 표정과 입 크기도 바꿔 보고 이렇게 계속 녹음하고 듣고, 또 시도하면서 연습했어요. 답은 그것뿐이에요. 다른 직업도 마찬가지잖아요. 어떤 일이든 그런 노력을 하지 않으면 자기 것으로 만들 수 없지요. 그래서 방송한 지 1년 정도 지난 후엔 욕먹지 않을 정도로 발전했고, 5년 후엔 초보티를 벗게 됐습니다. 10년이 지나니 이제 좀 알겠다는 느낌이 오더라고요.

그렇다면 첫 방송은 어떠셨어요?

학원에서 3개월을 배운 후 바로 생방송을 하게 됐어요. 제일 먼저 드는 생각이 '와… TV에서 보던 것과는 너무 다르다!'였어요. 생각보다 현장에서 할 일이 너무 많은 거예요. 우선 방송분량은 5분에서 10분짜리인데 촬영을 이틀 이상 찍어야 하는 것에 깜짝 놀랐고요. 현장에서는 섭외도 해야 하고, 또 일반 출연자들은 말을 조리 있게 못하니까 제가 말을 만들어 줘야 하고, 스튜디오에서는 제 대본도 소화 못했는데 여러 대의 카메라 중 불 켜진 곳을 찾아서 봐야 하고 정말 정신이 없더라고요.

현장에서 오프닝 2~3줄짜리 하는데 20번도 넘게 했을 거예요. 주변에 구경하는 사람들이 다 쳐다보는데 너무 창피해서 그 시선을 견디기가 정말 어려웠어요. 그렇게 초짜가 잘못하면 PD가 제일 많이 하는 말이 "여기가 학원이 아닌데 굳이 널 쓸 이유가 없다."입니다. 맞는 말이죠. 정말 한 주 한 주가 살얼음판이었어요. 그런데 '이건 직업이다. 나와 맞고 안 맞고를 따지지 말자. 내가 연습이 덜 된 것이다' 하는 생각으로 이 악물고 버텼어요.

다행히도 기회를 딱 한 번만 주지는 않더라고요. 적어도 두 번은 기회를 줍니다. 그러니까 다음에 할 때 먼젓번에 지적당한 부분을 바꾸면 되는 거예요. 나중에 알고 보니 제가 그것 때문에 안 짤렸다고 하더라고요. 지적당한 것은 꼭 고쳐 왔고, 조금씩 뭔가 좋아졌거든요. 외모도 그랬어요. 헤어스타일도 매주 바꾸고 안경도 매주 바꿨어요. 지금 안경이 100개는 될 거예요. 이미지도 상황에 맞게 만들어 나가야 하니까요.

가장 기억에 남는 취재는 어떤 것이었나요?

가장 힘든 취재가 재해 현장하고 장례식장입니다. 뺨 맞을 준비를 하고 들어가야 해요. 갑작스런 사고 현장에서 피해자분들에겐 어떤 질문도 건네기 힘듭니다. 그래서 질문을 달리 해요. "혹시 저희가 도와 드릴 일이 있을까요?" 이렇게요. 진정성을 가지고 사람을 대하는 것이 공감을 얻는 첫 번째 방법이에요. 너무 힘든 상황에서 인터뷰를 부탁해서 정말 죄송하다고 마음을 표현하면 그나마 조금은 마음을 여시더라고요. 반대로 카메라가 무기라고 생각하고 들어가면 취재에 실패할 확률이 높아요.

힘든 취재들이 많았지만 그 중에서 가장 힘들고 아팠던 것은 '세월호' 때였어요. 아침에 생방송을 마치고 난 뒤 속보를 보고 바로 진도로 달려갔습니다. 선장을 섭외해서 한 시간가량 배를 타고 바다로 갔어요. 그때가 오후 2시 반이었는데, 세월호가 바로 제 앞에 있었어요. 이미 뱃머리만 남아 있었어요. 어떻게 된 건지 상황을 모르지만 일단 리포팅은 해야 하잖아요.

"지금 눈앞에 세월호가 보이고 있습니다. 그런데 전체가 아닌 뱃머리로 추측되는 부분만 물위로만 나와 있습니다." 이 정도로 상황 전달만 했어요. 시신을 수습하고 배가 가라앉으면서 더 힘든 상황이 계속 됐어요. 3일 동안 밤을 꼬박 새면서 그 현장을 취재했습니다. 너무 마음이 아픈 상황이어서 지켜보는 것만으로도 힘들었는데, 그 상황을 사적인 감정을 섞지 않고 객관적으로 리포팅하는 것은 정말 힘들었어요. 그 힘든 시간을 보내면서 저 자신도 많이 성장했고, 방송국에서 리포터를 보는 시각도 많이 바뀌었어요. 시사 영역 전문 리포터로서 입지를 다졌다고 할까요. 여러 가지 의미에서 세월호 취재는 잊을 수 없을 것 같습니다.

리포터에게 필요한 자질은 어떤 것일까요?

저는 필요한 자질이 없다고 생각해요. 물론 말을 잘하거나 외모가 좋거나 친화력 있는 성격이면 더 좋긴 하죠. 하지만 이런 선천적인 조건은 마라톤에서 300m 정도 앞서서 출발하는 것일 뿐입니다. 일단 달리다 보면 다 비슷해진다는 얘기죠. '난 내성적이라 낯선 사람에게 말을 잘 못 건네는데', 혹은 '사람들 앞에 나서는 것이 두려운데…' 라며 걱정하지 마세요. 연습하면 누구나 바뀔 수 있습니다. 발음과 발성을 배우고, 사람과 공감하며 인터뷰하는 기술을 익히면 돼요. 그리고 처음부터 큰 방송국의 알려진 프로그램을 하려고 욕심을 부리면 오히려 실패할 확률이 큽니다. 지방의 작은 방송국에서 실력과 경력을 다진 후 계속 도전해 나가는 편이 훨씬 유리합니다. 관심이 있다면 생각만 하지 말고 실제로 도전해 보세요. 방송국에선 항상 일 잘하는 리포터를 기다리고 있습니다.

리포터의 입지가 좋아지고 있다고 하셨는데, 아직도 미래가 보장되지 않는 불안한 직업이라고 할 수 있지 않나요?

요즘 불안하지 않은 직장이 있나요? 저는 매일 퇴직금을 받고 있다고 생각합니다. 그리고 오늘이 마지막이 되지 않도록 최선을 다해요. 프리랜서는 본인의 능력에 대한 불안감만 가지면 됩니다. 사실 자기가 잘하면 불안할 일이 없거든요. 방송국에서는 항상 리포터를 뽑기 때문에 일자리는 늘 있습니다. 내 자신이 '같이 일하고 싶은 리포터'가 되면 되는 거예요.

그리고 저는 리포터란 직업의 수명을 길게 보고 있습니다. 외국처럼 리포터가 취재력으로 승부하는 방송 전문인으로 자리를 잡을 수 있도록 리포터의 영역을 넓히고 싶어요.

06

쇼핑 호스트

!대박!
인기 상품

놓치면 후회
서두르세요!

엄청난 판매기록!!!

No.1

검색해보세요

상담전화 000 - 0000 - 0000

1. 쇼핑 호스트란?

홈쇼핑(Home Shopping)이란 가정에서 컴퓨터 · 전화 등으로 물건을 사는 통신 판매의 일종이다. 초기에는 무점포 판매에 의한 카탈로그 통신 판매가 주종을 이루었으나 유선 방송과 인터넷이 활성화되면서 온라인 쇼핑, 홈쇼핑 방송이 생겨났다. 1995년 케이블 텔레비전 방송국이 개국하면서 분야별로 다양한 전문 프로그램 채널들이 생겨났는데, 홈쇼핑 전문 채널도 이 가운데 하나이다. 쇼핑 호스트는 홈쇼핑 전문 채널에서 홈쇼핑 프로그램을 진행하는 MC라고 할 수 있다.

쇼핑 호스트는 텔레비전 쇼핑 채널 등 다양한 쇼핑 채널에서 제품에 대한 시청자들의 관심을 유도하고 제품의 특징과 소비자들이 궁금해하는 사항을 설명하여 구매를 유도하는 일을 한다. 이들은 크게 두 부류로 홈쇼핑 채널과 전속 계약을 맺은 경우와 프로그램에 따라 활동하는 프리랜서로 나뉜다.

쇼핑 호스트는 소비자를 대신해서 상품을 확인하고, 제품을 사고 싶은 마음이 들도록 제품의 기능과 장점에 대해 설명하며, 소비자의 궁금한 점을 대신 해결해 준다. 그러기 위해서는 제품에 대해 자세히 알아야 하고, 사람들이 어떤 물건을 원하는지, 또 프로그램을 어떻게 진행해야 더 많은 사람들이 물건을 살 수 있는지 계속해서 연구해야 한다.

2. 쇼핑 호스트가 하는 일

쇼핑 호스트를 부르는 명칭은 '홈쇼핑 호스트'나 '쇼 호스트' 또는 '쇼핑 플래너' 등 다양하다. 말하자면 물건을 파는 쇼의 '주인'이 되어서 제품을 만든 회사를 대신하여 쇼를 진행하는 것이다. 상품이 매력적이라는 사실을 정해진 시간 안에 시청자들에게 각인시켜야 한다. 방송을 통해 정해진 시간 안에 상품을 판매하는 일을 하므로 쇼핑 호스트의 능력에 따라 상품 판매량이 좌지우지된다.

하지만 쇼핑 호스트는 연예인이 아닌 방송인이라는 점을 명심해야 한다. 당연히 허위, 과장 광고성 멘트는 하지 못한다. 대신 소비자를 대신해 상품의 기능과 특성, 장단점에 이르기까지 정확하고 유용한 정보를 사전에 숙지하고 정확하게 제공해야 하기에 미리 스스로가 판매하게 될 상품을 사용해 보아야 한다.

보통 담당 PD와 작가가 상품 설명과 가격 등을 토대로 기본적인 대본을 작성하면 이를 토대로 쇼핑 호스트들이 시청자들에게 상품을 설명한다. 제품에 대한 관심을 유도하고 제품의 특징과 소비자들의 궁금한 사항을 설명한다. 제품을 판매하는 연출에 필요한 촬영, 무대 장치, 편집 등의 기술적인 업무를 계획하고, 조정하기도 한다. 소비자가 원하는 정보를 전달하기 위해서 시장 동향과 개인의 소비 심리에 대해서도 공부한다. 뛰어난 화술과 센스를 발휘해야 하며, 소비자의 반응이 미미하거나, 매진 사태 등 극단적인 일들이 발생하는 경우가 많기 때문에 상품 소개 시간이 갑자기 늘어나거나 줄어들 수 있고, 준비되지 않은 멘트를 해야 할 경우도 많기에 순발력이 필수적이다.

3. 쇼핑 호스트가 되는 방법

쇼핑 호스트가 되기 위해 특별한 학력이 필요하지는 않지만 일반적으로 홈쇼핑 업체들은 전문대학 이상의 학력자를 선호한다. 쇼핑 호스트 양성 사설 교육기관이나 언론사의 방송 아카데미 등을 거쳐 진출하는 사람도 있고 성우, 아나운서, 리포터 등의 방송 경험자, 또는 대학에서의 방송 동아리 활동 등의 경험을 살려 진출하기도 한다. 사설 교육기관에서는 3~6개월 동안 발음법, 발성법 등 방송을 하기 위한 기본적 자질과 홈쇼핑 분석, 순발력 스피치, 다양한 상품에 대한 프레젠테이션, 제스처 연습, 진행 실습 등 쇼핑 호스트가 되는 데 필요한 이론과 실기를 배운다.

4. 쇼핑 호스트의 직업적 전망

홈쇼핑이 꾸준한 성장세를 이어가고 있다. 대한 상공회의소에 따르면 2014년 국내 홈쇼핑 시장 규모는 출범 첫해인 1995년과 비교할 때 약 3,000배 넘게 성장했으며, 2개이던 홈쇼핑 업체도 6곳으로 늘었다. 최근에는 보험이나 여행, 외국 어학연수, 문화 공연, 자동차는 물론 아파트 등 부동산 상품까지 판매 영역을 넓혀가고 있다. 홈쇼핑은 방송과 유통이 결합된 방식으로 쇼핑을 제공

하는데, 이제 대부분의 시청자들이 홈쇼핑을 이용할 수 있는 환경에 와 있고, 홈쇼핑 방송 채널 사용 사업의 경우 정부가 승인을 해 주는 허가제이기 때문에 신규업체가 생기기는 어렵다. 따라서 정해진 업체 수가 있는 상태로 진입장벽이 높은 편이다. 다만, 중소 규모의 온라인 쇼핑몰에서 자체적으로 상품을 소개하고 판매하거나 개인이 직접 쇼핑몰을 운영하는 등의 웹 쇼핑 호스트가 등장하는 등 그 영역은 넓어질 것으로 보인다.

보통 경력직의 경우 팔리는 만큼 수익을 가져가도록 인센티브를 걸고 연봉 계약을 하는 경우와, 연봉 자체를 높게 받는 두 가지 경우가 있다. 모두 '완판'이라고 부르는 판매 기록을 보유한 사람에게 해당한다. 홈쇼핑 업체의 공개 채용 내용을 보아도 경력직은 성별, 나이, 학력을 배제한 무스펙 채용을 한다. 다만 지원자의 방송 영상 포트폴리오를 원하는데 이것은 방송 능력뿐만 아니라, 완판 기록을 확인할 수 있기 때문이다.

Broadcast

07
스턴트맨·대역 배우

1. 스턴트맨, 대역 배우란?

몇 해 전 방영된 드라마 〈시크릿 가든〉에서 여자 주인공의 직업이 '스턴트맨'이어서 화제가 된 적이 있었다. 여주인공 '길라임'은 무술감독을 꿈꾸는 스턴트 우먼으로 하지원 씨가 연기를 했다. 이 드라마를 본 사람은 알겠지만, 스턴트맨이란 주연 배우가 하기 힘든 고난도의 액션 연기를 대신하는 사람이며, 부상 위험에 항상 노출된 직업이다. 다행스러운 점은 이 드라마를 통해 대역 전문 배우들에 대한 관심이 크게 늘면서 그들이 처한 현실과 고충에 문제의식을 느끼는 사람이 늘어났고, '산업재해 보상보험법 시행령'이 일부 개정되면서 스턴트맨(우먼)도 산재 보험 혜택을 받을 수 있게 되었다는 사실이다.

스턴트맨이나 대역 배우는 영화, 방송, 공연, 광고 등에서 배우가 하기 힘든 고난도 연기뿐만 아니라 승마, 수영, 스쿠버다이빙, 스카이다이빙과 같이 특별한 기술을 필요로 하는 연기도 대신 촬영한다.

2. 스턴트맨, 대역 배우가 하는 일

자동차에 매달려 운전석에 앉은 악당과 몸싸움을 벌이는 장면, 3~4층 높이의 주택 옥상에서 뛰어내리는 장면, 달려오는 차에 받혀 공중으로 날아가는 장면을 주연 배우가 찍다가 다치면 많은 돈이 들어간 영화나 드라마를 아예 중단하는 사태가 벌어진다. 이럴 때 스턴트맨의 진가가 드러난다. 스턴트(Stunt)는 곡예, 아슬아슬한 재주란 뜻으로 하는 일에 딱 맞는 이름이다.

스턴트맨이나 대역 배우는 찍어야 하는 장면이나 상황에 맞는 복장과 분장을 하고, PD, 영화감독, 상업용 영상물 제작감독 등의 지시에 따라 연기를 한다. 고공 낙하, 액션 연기, 춤, 수영, 스케이팅, 승마 등의 특수한 기술을 요하는 역할을 하기도 한다. 주연을 대신하여 달리는 자동차나 말에서 뛰어내리는 위험하거나 특수한 연기를 하기도 하며, 장면의 효과를 높이기 위해 단역으로 출연하기도 한다.

시청자들이 영화나 드라마를 보면서 자신도 모르게 손을 움켜쥐고 집중해서 보는 영상은 모두 이들의 노력이 빚어낸 결과물이다.

3. 스턴트맨, 대역 배우가 되는 방법과 전망

대학에서 연극영화과, 연기과, 영화과를 전공하거나 연기 지도 학원을 다니면 상대적으로 유리하지만 크게 상관은 없다. 위험한 연기를 대신하는 스턴트맨과 대역 배우는 학력보다는 건강한 신체와 창의력, 예술적 재능이 더 중요하다.

스턴트맨으로 시작하여 감독까지 올라간 무술 감독들이 후배를 양성하기 위해 설립한 액션스쿨과 같은 사설학원에서 기초 체력 훈련, 낙법, 각종 무술과 레포츠 기술 등을 교육받고, 스턴트 기술을 전수받으면서 준비하는 것이 일반적이다. 영화나 드라마 촬영을 할 때 위험한 일을 개인에게 시키기는 무리가 있기 때문이다. 거의 대부분의 영화사나 방송국에서 스턴트맨이 필요하면 사설 교육기관 혹은 무술 감독에게 출연 요청을 한다. 이후 어느 정도 경험이 쌓이면 추천을 받아서 입문하기도 하며, 공개 오디션을 거쳐 특정 배역을 맡기도 한다. 그동안 신속한 상황 판단 능력과 순발력 및 위기 대처 능력을 기르고, 스케이팅, 승마, 무술 등의 전문적 기술을 연마해 두면 좋다.

그나마 처우가 개선되었다고 하지만 임금 수준은 매우 낮은 편이다. 다만 아무나 할 수 없는 일인 만큼 고난도의 스턴트에 성공했을 때 성취감과 보람은 큰 편이다. 또한 스턴트맨으로서 실력을 인정받으면 영화나 TV 드라마의 액션 장면을 직접 연출할 수 있는 기회도 주어지며 이른바 '무술 감독'으로 성장할 수 있다.

Broadcast

08
성우

1. 성우란?

성우(聲優)는 목소리로 연기하는 배우를 말하며 라디오, 텔레비전 방송, 영화 녹음 등에서 연기자의 감정을 실어 목소리로 연기한다.

어린이, 노인, 악당, 공주 등 자신이 맡은 배역과 내용, 분위기에 따라 개성 있는 목소리로 실감 나는 연기를 한다. 그래서 성우를 '얼굴 없는 연기자'라고 한다. 성우는 뛰어난 연기력을 바탕으로 연극 무대에 서기도 하고, 드라마나 영화에 출연하기도 한다. 우리가 기억하는 고(故) 김무생 씨나 나문희, 김용림, 전원주, 김영옥, 한석규 씨는 모두 성우 출신이다. 박정자 씨도 목소리를 들으면 아! 하는 탄성이 나올 정도로 본인만의 매력을 가지고 있는 배우이며 역시 성우 출신이다.

2. 성우가 하는 일

성우는 방송극에서 연기를 할 뿐만 아니라 외국 영화나 애니메이션의 더빙을 하고, 프로그램의 예고 등을 녹음한다. 다큐멘터리 해설도 하고, 라디오 DJ를 맡기도 하며, 상업 방송에 출연하여 광고를 하기도 한다. 그 밖에 지하철 안내 방송이나 회사의 홍보물 녹음, 각종 안내 녹음 등 목소리를 필요로 하는 곳이라면 어디든 활동한다. 방송극의 경우 배역이 정해지면 인물의 나이, 직업, 성격, 환경 등을 파악하고, 이를 잘 표현할 수 있도록 목소리 연습을 한다. 특히 외화 더빙의 경우 목소리 연기로 인물을 완벽히 표현해야 하므로 캐릭터 분석력과 연기력이 요구된다. 해설이나 안내의 경우 개성 있는 연기력보다는 차분하고 정확한 발음으로 메시지를 전달할 수 있어야 한다. 동시에 1인 다역을 담당하기도 한다. 성우는 목소리가 중요하기 때문에 항상 목 관리를 해야 한다. 자극적인 음식은 피하고 감기 등 건강 관리에 신경 써야 한다. 노력에 의해 더 좋은 목소리나 개성 있는 목소리를 만들 수 있기 때문에 끊임없이 자신의 목소리를 갈고 닦는 노력이 필요하다.

3. 성우가 되는 방법과 전망

성우가 되기 위해서는 일반적으로 대학교 졸업 이상의 학력을 요구한다. 전문대학이나 대학교에서 연기 관련 학과를 전공하면 유리하고, 성우 연기지도 학원 등에서 교육과 훈련을 받는 것도 좋다. 대학에서 연기를 전공하거나 연기 동아리 활동을 하는 등 연기 경험을 쌓거나 성우학원에서 발성, 호흡, 낭독 등의 전문적인 훈련을 받을 수 있기 때문이다. 또 동아리를 결성해서 발음 교정, 대본 연습 등의 공부를 서로 함께하기도 한다.

성우가 되려면 방송국 등에서 실시하는 채용 시험에 합격해야 한다. 시험 방식은 방송사마다 다소 차이가 있지만 1차 실기시험과 2차 면접을 통해 채용된다. 실기시험은

일반적으로 방송사에서 준비한 대본으로 즉석 연기나 해설을 함으로써 치러진다.

현재 일부 지상파와 종편, 케이블 TV에서 성우 공채 제도를 실시하고 있다. 시험에 합격 후 전속 기간을 거치면 한국성우협회에 가입할 수 있는 자격도 생긴다. 이후에 방송사에 관계없이 프리랜서로 활동할 수 있으나 일감 자체가 부족한 형편이다.

과거와 달리 요즘엔 라디오에서 진행하는 방송극이 거의 사라졌고, 외국 영화나 애니메이션도 더빙 대신 자막이 사용되는 추세이기 때문이다. 다큐멘터리나 예능 프로그램에서도 성우 대신 유명 연예인을 쓰는 경우가 많다. 그래서 실제로 지상파 방송사 중 KBS에서만 유일하게 성우를 공개 채용하고 있는 형편이다. 따라서 성우라는 직업 하나만 가지고 생활한다는 것은 무리가 있고, MC, 연기자, 개그맨, 쇼핑 호스트, 스피치 강사 등도 염두에 두고 영역을 확장시켜 나가는 편이 유리하다.

하지만 무엇보다 자신만의 개성 있는 목소리를 키우고 가꾸며, 다양한 배역을 소화해내려는 연기에 대한 열정과 노력이 사라지지 않아야 할 것이다.

성우란 어떤 직업이라고 소개하고 싶으신지 요?

목소리만으로 희로애락 등 다양한 사람의 감정을 표현하는 전문가들이라고 생각해요. 굉장히 특이한 직업이지요.

성우 공채시험에 응시해 합격하신 거죠?

네, TBC 공채 2기예요. 배우 전원주 씨도 그때 저랑 같이 합격해서 입사했어요. 그때나 지금이나 성우가 될 수 있는 방법은 공채를 통하는 길 하나밖에 없습니다. 시험에 응시해서 바로 합격했고, 신인 시절부터 피디들이 서로 캐스팅하고 싶어하는 인기 있는 성우가 됐어요. 제가 잘나서 그런 게 아니라, 사실은 그렇게 되기까지 긴 준비 기간이 있었고 여러 가지 운도 좋았던 거예요.

저는 정말 찢어지게 가난한 어린 시절을 보냈습니다. 아버지는 경기고, 서울대를 나온 엘리트였는데 당시 일부 지식인들이 그랬던 것처럼 아버지도 공산주의에 심취하셨어요. 그래서 월북한 뒤 다시는 돌아오지 못하셨죠. 그때 제가 4살이었어요. 유복한 집에서 자라 생활력이 없었던 어머니, 동생과 같이 살면서 밥 세 끼를 제대로 먹어 본 적이 없어요. 돈이 없어서 학교도 다니다 말다 하면서 신문 배달을 해야 했어요. 하루는

신문 좀 봐달라고 부탁하려고 상가를 돌아다니는데, 어떤 사람이 가게 벽에다 영화 포스트를 붙이고 가게 주인에게 영화표를 주더라고요. 영화 포스터를 붙이게 해 줬으니까 사례비로 표를 주는 거였어요.

저는 그때 영화가 너무 보고 싶어서 꾀를 냈어요. "아저씨, 제가 신문을 넣어드릴 테니까 영화표 저 주실래요?" 그렇게 해서 정기적으로 영화를 볼 수 있게 됐습니다. 그 당시 학생은 극장에 입장이 안 되니까 어른인 척 분장하고 극장에 들어가서 영화배우의 꿈을 키웠어요. 허장강, 김승호 씨 같은 배우들 목소리를 흉내내는 성대모사 연습도 많이 했고요. 그때 봤던 영화들, 그 장면 장면이 평생 제가 성우로 일할 수 있는 자양분이 됐다고 생각해요.

그리고 대학에서 또 평생의 은인을 만나게 되는데요. 이 분이 없었으면 성우 배한성도 없었을 거예요. 저는 성우가 되고 싶어서 서라벌 예술대 방송학과로 진학을 했습니다. 그 때 '이원경 교수님'이라고 당대 최고의 연출가 선생님이 강의를 하셨어요. 저는 내심 제 목소리가 좋으니까 선생님께 칭찬을 받을 것이라고 기대했거든요. 그런데 선생님은 겉멋만 부린다고 야단을 치셨어요. 자만하지 말라고 경고를 해 주신 거죠. 덕분에 저는 연기의 기초부터 다시 제대로 배우게 됐어요. 이런 과정들 덕분에 성우가 되어 지금까지 50여 년째 이 길을 걷고 있습니다.

> 66
> **성우라는 직업**이 없어지진 않을 겁니다.
> 단지 **그 역할이 변해** 가겠지요.
> 99

 우리나라에서 가장 유명한 목소리를 가진 분이신데, 그 목소리는 선천적인 것인가요?

목소리는 타고난 거지요. 원래 목소리가 이랬어요. 발성도 좋았고요. 게다가 서울에서 태어나서 사투리 특유의 어조가 없었기 때문에 다른 사람보다 성우가 되기 위한 조건이 더 좋았다고 할 수 있어요. 저는 원래 영화배우가 되고 싶었어요. 그 시절에는 신성일 씨처럼 잘생기거나 딱 봐도 악역처럼 생긴 사람만 배우가 될 수 있었기 때문에, 저처럼 어중간한 얼굴로는 배우를 할 수가 없었어요. 그런데 목소리 배우도 있다는 것을 알고 그걸 해야겠다는 꿈을 가지게 됐죠.

 그동안 가장 기억에 남는 배역은 어떤 것인가요?

사람들은 〈맥가이버〉나 〈형사 가제트〉를 가장 많이 기억하는데, 저는 그 연기는 어렵지 않았어요. 그 배우들이 쉽게 연기했으니까 저도 더빙하기 쉬웠거든요. 그런데 정말 어려웠던 것은 영화 〈아마데우스〉였어요. 그 주인공이 어떤 때는 바보 같다가 또 어떤 때는 광기가 넘치니, 그 연기를 소화해 내느라 저도 너무 힘들었어요. 성우는 목소리만 나오니까 연기를 반만 해도 될 것 같지만 절대 그렇지 않습니다. 모든 연기를 목소리 하나로 표현해야 하기 때문에 더 고민을 많이 해야 하고 더 세심하게 연기해야 합니다. 목소리만으로 찰랑거리는 긴 생머리인지, 파마머리인지, 건강한지, 부자인지 성격이 급한지가 다 보여야 해요. 그래서 영화 더빙을 하나 하려면 배역의 캐릭터와 각 장면의 감정을 이해하기 위해 몇 번씩 영화와 대본을 다시 봐야 합니다. 대본이 너덜너덜해지죠. '배한성의 대본은 항상 더럽다'는 말이 있어요. 저는 그게 최고의 칭찬이라고 생각합니다.

 성우는 우선 목소리가 좋아야 한다고 생각했는데, 성우에게 필요한 자질은 훨씬 복잡하고 다양한 것 같네요.

그럼요. 저의 스승이셨던 이원경 교수님은 배우(俳優)란 말의 의미에 대해 이렇게 말씀하셨어요. "사람 인(人) 변에 아닐 비(非)로 되어 있는데, 이 말은 일반적인 사람이 아니라 유난히 상상력과 감수성이 뛰어나고 감정 표현, 감정에 대한 해석이 기발한 사람이다." 성우도 목소리 배우이기 때문에 마찬가지입니다. 그래서 앞서 말씀드린 것처럼, 목소리로 모든 연기를 소화할 수 있는 끼와 열정이 있어야 하고, 그것들을 파악하기 위해서는 끝없는 공부가 필요하지요. 요즘은 목소리가 너무 좋다는 것은 오히려 단점이 될 수도 있습니다. 자신만의 매력, 자신만의 가치를 갖추지 못하면 사람들의 마음을 사로잡을 수가 없어요.

 긴 시간동안 변함없이 최고의 성우로 활동하고 있는 비결은 무엇일까요?

저도 종종 강의를 하는데요. 중소기업 대표분들이 모인 곳에 강의를 가면 첫마디를 이렇게 말문을 엽니다. "저도 저를 경영했습니다. 저도 상품이기 때문입니다." 저는 정말 '나'라는 상품을 팔기 위해 계속 연구 개발을 합니다. 새 상품을 개발하려고 애쓰는 것처럼 성우를 하면서 라디오 DJ도 해 보고, MC도 해 보고, 대학에서 강의도 하고, 책도 많이 보고 글도 써 보고 공부도 많이 합니다. 영화의 주인공들을 보면서 분석도 많이 했어요. 전 세계인들의 마음을 사로잡는 가장 매력적인 사람들이잖아요. 그들이 어떻게 행동하는지, 표정, 몸짓, 태도를 보고 배웁니다. 그렇게 끊임없이 노력과 투자를 해서 50년을 달려올 수 있었던 것 같아요.

인생 선배로서 후배 청소년들에게 해 주고 싶은 말이 있다면요?

저는 너무 가난해서 공교육을 많이 못 받았어요. 중학교 2년 다니다 말고, 고등학교도 1년 반 다니고, 대학교도 등록금이 없어서 1년 밖에 못 다녔어요. 하지만 저는 이것을 콤플렉스라고 생각한 적은 없습니다. 콤플렉스로 좌절하고 고민할 시간에 뭔가 시도해보고 최선을 다해 노력했어요. 그래서 조금씩 스스로를 변화시켰고, 그 노력은 지금도 계속되고 있습니다. 저는 오프라 윈프리의 이 말을 참 좋아합니다. "지금 최선을 다하면 언젠가는 최고가 될 것이다." 희망 고문이라고 하는 사람들도 있는데, 이런 캐치프레이즈 하나쯤은 갖고 있어야 쉽지 않은 인생, 힘을 내서 달릴 수 있지 않을까요? 여러분도 미루지 말고 지금 바로 시작해 보세요. 기적은 어디서 나타나는 것이 아니라 여러분 자신이 만드는 겁니다.

 요즘 성우의 입지가 많이 좁아지고 있다는 걱정을 하시는 분들도 많던데요?

그렇죠. MBC에서는 더 이상 성우를 뽑지 않고 유일하게 KBS에서만 성우를 공개 채용하고 있습니다. 뽑아도 일할 기회가 거의 없어요. 일단 더빙 대신 자막으로 대체하는 영화가 많고, 내레이션도 성우 아닌 분들이 많이 하니까요. 하지만 저는 성우 일자리가 없어지고 있으니 청소년들에게 성우를 꿈꾸지 말라고 말하고 싶진 않아요. 성우라는 직업이 없어지진 않을 겁니다. 단지 그 역할이 변해 가겠지요.

일본은 오래 전부터 성우를 부업으로 하는 사람이 많다고 합니다. 점점 한 가지 직업만으로는 먹고 살기 힘든 세상이 오고 있으니까요. 다른 직업도 마찬가지라고 생각해요. 이런 시대의 변화에 맞추어 성우들도 진화해 나가야 합니다. 스스로 능력을 길러 일의 영역을 넓혀 나가야 해요. 안일하게 주어진 일만 해왔던 성우들도 지금의 위기 상황을 계기로 자성의 시간을 가져야 한다고 생각합니다. 그래서 위기를 새로운 기회로 만드는 돌파구를 찾아야 합니다. 하루가 다르게 다양한 매체가 생겨나니, 그 안에서 성우가 할 수 있는 일을 생각해 보고, 또 연기자로, 개그맨으로, 쇼호스트로, 스피치 강사로 자신의 영역을 확장시켜 나갈 수 있도록 자기의 능력을 개발해야 합니다.

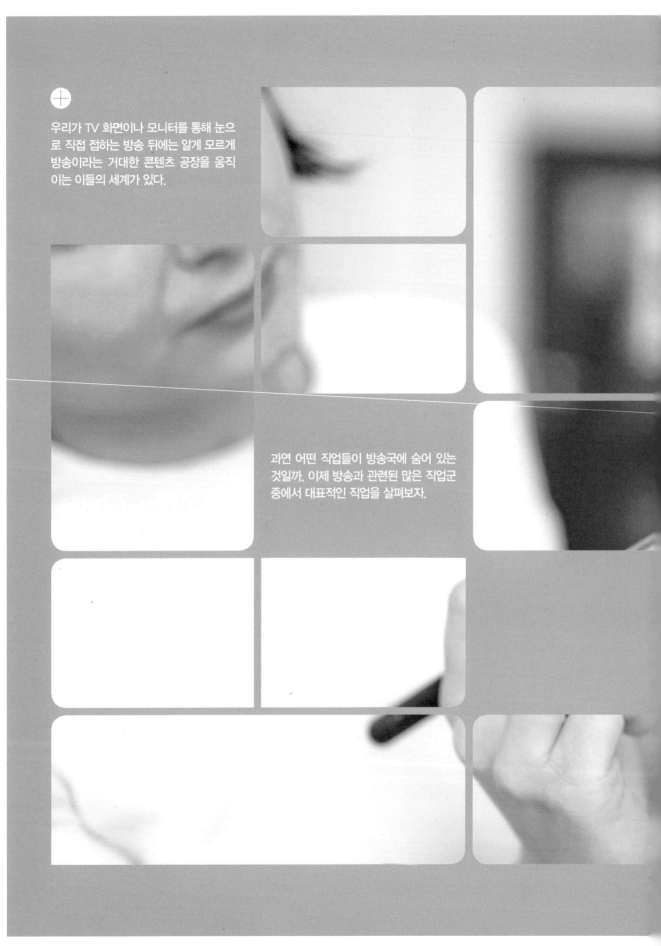

우리가 TV 화면이나 모니터를 통해 눈으로 직접 접하는 방송 뒤에는 알게 모르게 방송이라는 거대한 콘텐츠 공장을 움직이는 이들의 세계가 있다.

과연 어떤 직업들이 방송국에 숨어 있는 것일까. 이제 방송과 관련된 많은 직업군 중에서 대표적인 직업을 살펴보자.

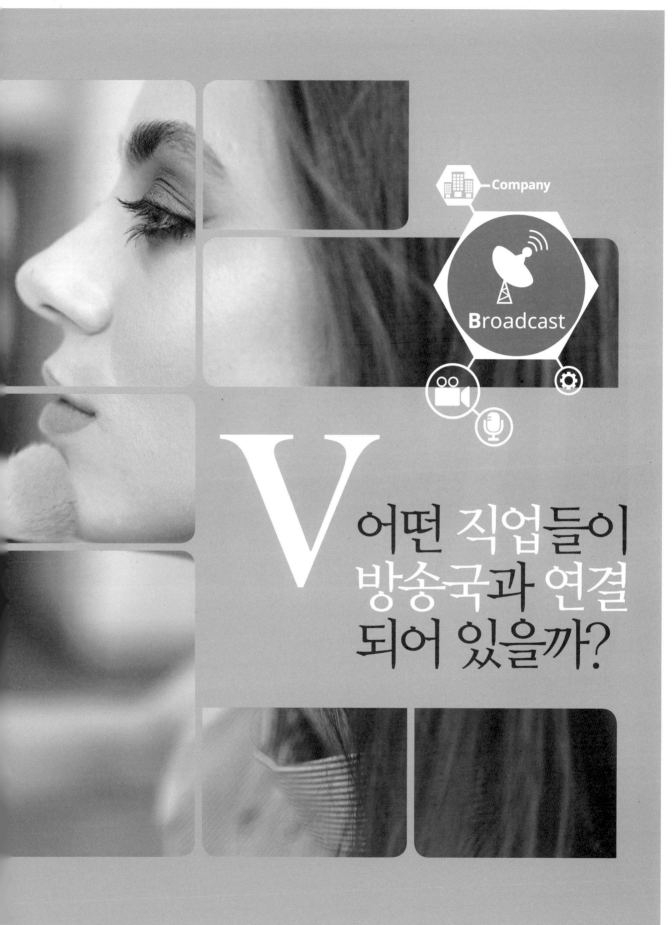

Company

Broadcast

V

어떤 직업들이
방송국과 연결
되어 있을까?

Broadcast

01
PD(방송연출가)

1. PD(방송연출가)란?

방송연출가라고 불리는 PD(producer)는 연극·영화·
방송 등에서 기획·제작에 종사하는 사람이다. PD는 일반
적으로 Producer 혹은 Program Director의 약자로, 최
근엔 Program Designer로 풀이되는 등 다양한 해석이 존
재한다. 중요한 것은 모든 해석에서 공통적으로 발견되는
부분인데, 그것은 바로 PD가 프로그램을 만드는 사람이며, 제작과 관련된 모든 것을 총
괄하고 책임지는 역할을 한다는 점이다.

텔레비전과 라디오 프로그램 PD의 경우, 기획·구성·촬영·편집·자막 및 효과와 관련된 각 과정의 전문 스태프들을 지휘하고 감독한다. 어떤 프로그램을 만들면 좋을지 아이디어를 내는 일부터 누구를 출연시키고 어떤 이야기로 엮어 나갈지를 결정하고, 촬영 장소를 알아보고, 프로그램에 어떤 음악을 넣을 것인지, 촬영 카메라는 몇 대 동원할 것인지, 언제 촬영할 것인지 등 프로그램 제작에 필요한 모든 것을 제작진과 상의해서 최종적으로 결정한다. 촬영이 끝나면 편집을 통해 촬영한 내용 중에 어떤 것을 버리고 어떤 것을 살릴지를 결정한다. 따라서 프로그램의 방향과 분위기는 PD에 의해 대부분 결정된다.

2. PD가 하는 일

PD가 하는 일은 라디오 또는 텔레비전의 프로그램을 기획, 구성하여 제작하는 것이다. 프로그램이 다양한 만큼 PD는 조연출자(AD: Assistant Director) 시절부터 다양한 분야의 제작 경험을 바탕으로 해서 나중에는 자신만의 전문 영역을 구축하여 프로그램을 책임지고 만들게 된다. 드라마를 만드는 드라마 PD, 교양 프로그램이나 다큐멘터리를 제작하는 시사·교양 PD, 사람들에게 즐거움을 주는 음악 쇼나 개그 프로그램, 시트콤, 토크 쇼, 퀴즈 쇼와 같은 예능 프로그램을 만드는 예능 PD, 라디오 방송 프로그램을 만드는 라디오 PD, 스포츠와 관련된 프로그램을 만드는 스포츠 PD, 외국 영화나 드라마를 우리말로 바꾸어 다시 녹음하고, 영화 장면을 편집하는 영화 PD 등이 그런 분야이다.

대중들에게 사랑을 받는 방송 프로그램 뒤에는 무수한 고민과 과정이 숨어 있다. 한 편의 방송 프로그램을 만드는 과정을 단계별로 살펴보면 가장 먼저 하는 일은 기획이다. 기획은 건축에서 설계도와 같은 역할을 한다. 이 설계도에는 사회자, 출연자, 방송 날짜, 촬영 및 방송 공간(스튜디오, 야외), 주 타깃이 되는 시청자 층, 기획 의도와 목표, 방송 내용과 표현 방식을 어떻게 결정할 것인지가 모두 담겨 있다.

기획안은 치열한 회의를 거쳐 버려지거나 통과된다. 통과된 기획안은 다시 심사와 수정을 거쳐서 프로그램의 방향성을 확고히 하고 출연자 섭외에 들어간다. 촬영 날짜 등이 맞지 않거나 출연자가 작품을 거절하는 경우, 다른 출연자를 섭외하는 등 일이 많아진다. 때로는 출연자 섭외를 전문으로 하는 캐스팅 디렉터에게 맡기기도 한다.

출연진 섭외가 완료되면 해당 프로그램의 제작진이 모여 제작진 회의를 한다. 이 회의에서는 촬영 장소, 의상 및 소품, 촬영 장비, 조명, 음악, 카메라 작업, 촬영 일정 등을 각 분야의 담당자들과 협의하여 결정한다. 이후 작가는 대본을 쓰고, PD는 작가가 쓴 대본을 검토하여 배역을 정하고, 출연자들은 대본 연습을 한다. 제작진들은 음향, 조명, 소품, 의상, 카메라 등을 체크해서 촬영 예행 및 촬영을 진행한다. 생방송, 혹은 녹화에 들어가는 야외와 스튜디오 등에서 행해지며, 현장에서 돌발 상황은 무수하게 발생한다. 이때마다 PD는 즉각적으로 새로운 결정을 내려야 한다. 이후 촬영이 끝나면 사전 편집과 종합 편집을 거쳐 프로그램을 완성하게 된다.

방송국의 PD와 비슷한 직업들로는 영화감독, 연극 연출가, 상업용 광고를 만드는 광고감독, 기업체 홍보물 등의 영상물을 만드는 감독, 뮤직비디오 감독 등이 있다.

3. PD가 되는 방법

경쟁률이 치열한 방송사 시험을 보려면 일단은 영어 실력과 좋은 성적을 갖추고 있어야 한다. 그런데 이것만으로 성공하기는 힘들다. PD에게 필요한 자질은 리더십과 책임감, 추진력, 소통 능력 등이다. 제작진을 이끄는 위치에 있으므로 제작진들 간의 의견을 조율하고 최종 판단을 내려야 하며, 어려움에 부딪혔을 땐 스스로 책임지는 자세가 필요하다. 쉽게 말해서 잘못은 본인의 탓이며, 잘되면 모두의 공으로 돌릴 줄 아는 책임감이 있어야 한다. 결코 쉬운 일이 아니다. 여기에 매월, 매년 다른 트렌트가 오고 있고, 시청자들의 요구 사항도 까다로워졌기에, 기대를 충족할 수 있고 시대 상황을 반영하는 프로그램을 만들어야 하는 고통이 있다. 이런 새로운 프로그램을 기획하기 위해서는 창의력과 상식이 풍부해야 한다. 그래서 다양한 분야, 다양한 경험이 담긴 책을 많이 읽어야 하고, 여행 등 풍부한 경험을 해야 한다. 무엇보다도 밤샘 작업을 해야 하는 경우도 많으니 튼튼하고 건강한 체력이 필수적이다. 사실 PD가 생각하고, 판단하고 느낀 만큼 고스란히 시청자에게 전달되기 때문에 풍부한 지식과 열린 시각, 참신한 시선은 반드시 필요하다. PD는 세상의 흐름을 알아야 하고, 대중의 기호를 파악해야 하기 하기 때문에 항상 생각이 대중을 향해 열려 있어야 한다. 지금 사람들이 무엇을 원하는지, 또 무엇에 빠져 있는지, 무엇을 즐거움이라고 느끼는지 대중의 기호를 파악하는 감각은 프로그램을 만드는 PD들이 꼭 갖춰야 할 요소이다.

대학에서는 신문방송학, 언론정보학, 방송영상학 등 방송 관련 학과를 전공하는 것이 유리하다. 또한 연극이나 방송 관련 동아리 활동을 해도 도움이 되고, 방송 아카데미 등에서 프로그램 제작에 대한 교육을 받는 것이 취업 후 업무를 수행하는 데 유리하다. 방송사에 입사하기 위해서는 각 방송사에서 실시하는 공개 채용에 합격해야 한다. 그런데 공개 채용 시험은 경쟁률이 굉장히 높아서 언론고시라 불릴 정도로 합격하기가 힘들다. 방송사에 따라 채용 과정에 차이가 있지만 대개 '서류전형 → 필기시험(시사교양, 논술) → 실무능력 평가 → 면접' 등의 단계를 거친다. 입사 후 일정 기간 수습 과정을 거쳐 조연출로 활동하게 된다. 보통 '조연출자(AD: Assistant Director) → 연출자(PD) → 책임 연출자(CP : Chief Producer)' 순으로 승진한다.

방송사에 입사 후 독립적으로 프로그램을 맡게 되기까지 교양 프로그램은 3년 내외, 오락 프로그램은 5년 내외, 드라마는 그 이상의 경력이 필요하다고 한다. 방송 PD는 어느 정도 경력을 쌓아 프리랜서로 활동하기도 하며, 직접 독립 프로덕션을 차려 방송사와 계약을 맺고 프로그램을 제작하기도 하며, 타 방송국으로 이직하기도 한다. 적성과 제작 성향에 따라 시사교양 PD, 예능 PD, 편성 PD 등의 다양한 영역에서 활동하게 된다.

4. PD의 직업적 전망

PD는 연예인처럼 화려한 주목을 받지는 않지만 눈에 보이지 않는 곳에서 방송이라는 거대한 콘텐츠를 움직이는 일을 한다. 잦은 회의, 촬영, 편집 등으로 밤샘 작업이 많은 등 작업 스케줄에 따라 근무 시간이 유동적이고, 주말이나 휴일에 촬영할 때도 많으며, 장기간 지방이나 해외로 출장을 가는 경우도 있다. 제일 극심한 스트레스는 시청률이다. 시청자의 반응이 즉각적이기 때문에 이에 대한 평가가 바로 나온다. 하지만 이런 부분을 빼면 PD는 다른 직업에 비해 임금이 높고, 종사자들의 직업 만족도도 높은 편이다. 또한 일자리도 매년 증가하는 편이다.

한류 열풍 등으로 문화 콘텐츠 산업이 주력 산업으로 떠오르면서 이에 대한 정부의 지원이 늘어나고 있다. 또한 방송 채널이 다양해지고, 영상 매체에 대한 선호가 높아지면서 다양한 프로그램이 채널별로 제작되고 있다. 여기에 2011년 말 개국한 종합 편성 채널 등이 가세하면서 PD의 수요는 더 증가하고 있다. 다만 변수가 되는 것은 신규 인력의 채용이 바로 이루어지는 것이 아니라, 대부분 경력직의 이동, 혹은 외주제작을 통해서 늘려나갈 것으로 보이기 때문에 외주제작사의 구조가 열악하거나 소규모인 경우가 많아 예산 부족으로 신규 인력을 채용하기 쉽지 않고 경쟁이 치열할 것으로 보인다.

이 직업을 가진 사람에게 듣는다

Interview

교양 PD

한재신

PD는 어떤 일을 하는 직업인가요?

방송국 PD는 PD(Producer)와 디렉터 (Director) 두 가지 의미를 갖고 있어요. PD는 프로그램을 기획하고, 그것이 실행될 수 있도록 광고와 협찬을 받는다거나 하는 뼈대를 만드는 일을 하고요. 디렉터는 그 내용을 영상으로 구사하는 일을 합니다. 실제로 제작진을 꾸려서 연출 감독하여 내용을 완성하지요. 드라마는 이 두 가지 업무가 분리되어 진행되기도 하지만, 제가 속한 교양국이나 예능, 라디오에서는 일반 PD가 두 가지 업무를 동시에 진행합니다. 즉 기획부터 제작까지 업무를 모두 하고 있습니다. 나중에 청소년 여러분이 PD를 하는 시대엔 업무가 더 세분화될 수 있을 것 같아요. 미국이나 유럽은 PD와 디렉터의 업무가 분리되어 진행되고 있거든요. 어떤 것이 더 좋다고 말할 수는 없어요. 저는 개인적으로 지금처럼 기획부터 제작까지 모든 일을 다 하는 것이 더 재미있습니다.

방송이 어떻게 만들어지는지 간단하게 설명해 주세요.

일단은 PD가 하고 싶은 프로그램을 기획합니다. 어떤 주제로, 누구를 출연시켜 어떻게 이야기를 풀어나갈 것인가, 하는 내용을 정하는 건데요. 이

과정은 PD, 작가, 조연출이 함께 회의를 통해 만들어 나가는 경우가 많아요. 이렇게 정해진 내용을 기획서로 완성해서 본부로부터 진행해도 좋다는 허락이 떨어지면, 작가, 카메라, 스튜디오 등 제작에 필요한 모든 분야의 제작진을 모아서 촬영을 합니다. 촬영한 내용은 편집을 통해 다시 이야기로 정리하고, 편집된 콘텐츠가 더 빛날 수 있도록 종합 편집 과정(자막, CG, 음악 등)을 거쳐서 여러분이 보는 방송 영상물을 완성하는 것입니다.

방송국 PD는 대부분 신문방송학 전공자들인가요?

저는 신문방송학을 전공했지만, 다른 PD들은 정말 전공이 다양합니다. 전공에 상관없이 세상에서 어떤 일이 일어나고 있는지, 사람들이 어떻게 살아가고 있는지에 관심이 많은 사람들이 주로 PD를 해요. 여러분도 PD를 하기 위해 꼭 미디어학부나 신방과에 갈 필요는 없을 것 같습니다. 하고 싶은 공부를 한 다음에 방송국 입사를 생각해도 늦지 않습니다. 방송국에서도 신방과라고 더 우대하지도 않아요. 저의 경우 신방과를 전공해서 좋았던 것은, 실습 시간에 방송국에서 기자나 PD가 어떻게 일하는지를 실제로 볼 수 있었다는 것 정도입니다. 전공이 무엇이냐는 중요하지 않습니다.

> **질문을 만드는 연습**을 하라고 권하고 싶어요. 기존의 지식이나 관습, 문화에 대해 반항하라는 게 아니라 **자기 스스로 이해한 후 질문으로 만들 줄** 알아야 해요.

Q 왜 PD라는 직업을 선택하셨나요?

어렸을 때, 제가 누군가에게 도움이 되는 일을 하면 마음이 따뜻해지고 편안해지는구나 하는 걸 어렴풋이 느꼈어요. 그런데 제가 TV를 보거나 라디오를 들으면서 위안을 느끼는 순간들이 많더라고요. "아! 나도 이렇게 사람들의 마음을 어루만져 주고 싶다"는 생각을 하기 시작했지요. 지금은 다양한 매체들이 많지만, 제가 직업을 선택할 당시 제 생각을 많은 사람과 공유할 수 있는 플랫폼은 방송국이나 신문 정도였습니다. 처음엔 라디오에 관심이 많았는데, 교양 쪽도 영상과 함께 공감할 수 있다는 측면에서 더 다양한 시도를 할 수 있어서 좋을 것 같았고, 막상 PD가 되고 보니 제가 예상했던 것보다 훨씬 더 많은 이야기를 할 수 있고 또 배울 수 있는 직업이라 하루하루 감사하게 생각하며 일하고 있습니다.

Q 즐겁게 일하시는 것 같은데, 청소년들에게 PD라는 직업을 권하고 싶은지요?

저는 PD란 직업이 참 좋은 직업이라고 생각해요. 왜냐면 계속 성장할 수 있거든요. 사람이 살아가면서 점점 더 나은 방향으로 성장해 나간다는 것은 행복의 큰 요소라 생각하는데요. PD라는 직업은 경험이 쌓일수록 자랄 수 있는 직업인 것 같아요. 성장에는 많은 의미가 있어요. 정말 다양한 사람을 만나고, 많은 경우의 수를 고민하기 때문에 지식의 깊이도 깊어지고, 세상을 바라보는 관점도 성숙해지지요.

Q 어떤 성장을 경험하셨는지, 구체적으로 말씀해 주세요.

교양 PD는 프로그램을 제작하면서 수많

은 사람, 다양한 인생을 만납니다. 그분들과 이야기를 나누고 그들이 살아가는 모습을 보면서 제 좁은 생각의 벽이 허물어지는 일이 생기곤 해요. 예를 들면 제가 〈그것이 알고 싶다〉 팀에 있을 때였는데요. 여고생 임신 문제에 관한 제보가 들어왔어요. 여학생이 임신을 해서 퇴학당하게 됐다는 내용이었어요. 어떻게 보면 상투적인 이야기잖아요. 그런데 조금 더 깊이 생각해 보니, '임신했다고 학교를 다닐 수 없다는 것이 과연 옳은가?'에 대한 의문이 생기더라고요. 사례자를 만나서 이야기를 들어봤어요. 이웃집 사촌 동생 같은 이 여학생은 임신 사실을 안 후 가족회의를 열어 용감하게 밝혔고, 가족회의를 통해 아이는 낳되 공부는 계속하기로 결정을 했답니다. 그런데 학교 측에서는 다른 학생들에게 나쁜 영향을 미친다며 퇴학을 강요하고 있다고, 학교를 계속 다니고 싶다고 했어요.

이건 한 여학생 개인의 문제가 아니란 생각이 들었어요. 그래서 해외 사례도 찾아보고 인권에 대한 공부를 해 보니, 청소년 임신 문제를 비행 문제가 아니라 교육, 사회 문제로 바라봐야 하고, 그들이 이른 임신으로 인해 사회와 단절되지 않도록 계속 교육을 받아야 한다는 걸 알게 됐어요. 만약 임신과 출산으로 교육을 받지 못하면 이 여학생은 사회의 울타리 밖에서 소외될 수밖에 없더라고요. 방송 후, 이 문제에 대해 인권위원회는 여학생이 학교에 다닐 수 있도록 권고 판정을 내렸고, 여학생은 무사히 아이를 낳고 학업을 이어나갈 수 있었습니다. 이 사례는 학생 미혼모 문제를 우리 사회가 더 적극적으로, 따뜻하게 포용해야 한다는 모범 사례가 됐고, 저에게도 여성과 청소년의 인권에 대해 다시 생각해보는 터닝 포인트가 됐어요.

그리고 〈학교의 눈물〉, 〈바람의 학교〉 등 학교 문제를 다큐멘터리로 다루게 된 시발점이 되기도 했고요. 이렇게 사람들을 만나면서 배우고, 그것을 이야기로 만들어 내는 것이 PD입니다. 그 과정에서 제 안의 편협과 무관심 등 비뚤어진 시선들이 조금씩 깨져요. 나쁜 사람을 추적하거나 하는 위험한 취재를 할 때 사실 저희도 무서워요. 처음부터 정의감, 사명감에 불타서 뛰어드는 게 아니라, 사례자들과 이야기를 나누고 공유하고 고민하면서 마음이 고양된다고 할까요? 같이 가게 되는 거예요. 좀 더 나은 방향을 같이 찾는 거죠. 이렇게 우리라는 공동체에 대해 고민하고 깨닫는 기회를 가질 수 있어서 PD란 직업이 참 좋아요.

PD라는 직업은 어떤 성향을 가진 사람에게 어울릴까요?

일단 세상과 사람에 대한 관심이 많아야 해요. 또 아름다운 것에 대한 경외심을 갖고 있는 사람, 아름다운 이야기를 좋아하는 사람이어야 할 것 같고요. 기계에 대한 거부감이 없어야 해요. 카메라, 편집기 등 기계들을 이해하고 다룰 수도 있어야 하거든요.

그리고 또 중요한 하나는 도덕성이라고 해야 할까요? 바른 가치관을 갖고 공공의 이익을 생각하는 사람이어야 해요. '예능과 드라마는 그런 거 필요 없지 않나?'라고 생각할 수도 있으나 그렇지 않아요. 마냥 재미있기만 하면 될 것 같지만 드라마와 예능 프로그램도 어떤 메시지로 즐거움과 감동을 줄 것인가 기본을 생각하지 않으면 잘못된 길로 갈 수 있어요. 그래서 일하면서 공동체를 생각할 줄 아는 사람이 하면 좋을 거 같아요. 어려운 건 아니라고 생각해요.

그러면 이 직업의 단점은 뭘까요?

일이 끝이 없다는 것이요. 사실 그건 단점일 수도 있지만 좋은 의미이기도 해요. 우리는 노동의 대가로 돈을 버는 자본주의 사회에서 살고 있잖아요. 수많은 직업 중에서 뭔가 내 것을 만들어 내면서 월급도 받을 수 있는 몇 안 되는 직업이 PD예요. 그래서 참 좋은데, 반면 좀 더 잘 만들고 싶다는 생각을 끝없이 할 수밖에 없어요. 노동력을 들이는 만큼 결과물은 좋을 수밖에 없거든요. 예술가들이 밥도 안 먹고 광기 있게 몰두하는 것처럼 PD도 좋은 프로그램을 만들려면 엄청난 시간과 노력을 쏟아야 합니다. 그러면 인간관계가 다 끊기게 돼요. 가족과 친구들이 서운해하고 그게 반복되다 보면 결국 점점 멀어지죠.

두 번째는 일주일에 한 편, 혹은 매일 프로그램을 만들어야 하는 게 쉽지 않은 작업이에요. 그래서 번 아웃이라고 하는 정신적·육체적·소진 상태가 찾아올 수 있어요. 피로가 쌓여 건강을 해치게 될 위험도 높고요. 본인이 원하지 않는 프로그램을 만들어야 할 땐 마음이 힘들기도 하구요.

세 번째는 할 말이 없어질 때 너무 힘들어요. 하고 싶은 게 없어질 때도 그렇고요. 이건 누가 "너 왜 이렇게 일을 못해?"라고 지적을 해서 생기는 자괴감이 아니에요. 스스로 느끼는 것이거든요. 나는 왜 이렇게 못 만들까, 나는 왜 이 생각을 못 했을까…. 계속 새로운 것을 꺼내야 하는 직업이라서, PD들은 그 괴로움이 커요.

그리고 요즘 고민은 '나이가 들어도 일을 잘 할 수 있을까'에 관한 거예요. 교수나 전문가처럼 지식이나 경험이 쌓여 갈수록 더 빛나는 직업도 있는데, PD는 솔직히 잘 모르겠어요. 대중이 원하는 방식으로 말할 수 있어야 하는데, 나이가 장벽이 되지 않게 하려면 어떻게 해야 하는지 요즘 답을 찾는 중이에요.

PD를 하고 싶은 청소년들은 어떤 준비를 해 두면 좋을까요?

첫째, 질문을 만드는 연습을 하라고 권하고 싶어요. 기존의 지식이나 관습, 문화에 대해 반항하라는 게 아니라 자기 스스로 이해한 후 질문으로 만들 줄 알아야 해요. 그런 능력이 없으면 PD 못하냐고 질문하시는 분도 있을 텐데 아닙니다. 자꾸 연습하면 누구나 질문을 던질 수 있습니다. 저도 원래 질문이 많은 사람은 아니었거든요. 사람은 왜 사랑을 할까? 왜 사랑은 변할까? 왜 우리는 서양을 동경하게 됐을까? 자꾸 연습하다 보면 세상에 대한 관심이 생기고 질문의 수준도 높아질 겁니다.

두 번째, 최대한 많은 문화 콘텐츠를 경험하세요. 영화, 콘서트, 전시회, 만화책 뭐든 다 나중에 좋은 콘텐츠를 만드는 데 도움이 됩니다. 음악, 미술, 요리 등의 취미 생활도 좋고요. 특히 사진을 자꾸 찍어 보는 것은 아주 도움이 됩니다. 사진으로 배우는 건 시선이거든요. '나는 이 순간에 이 감정과 이 이야기를 담아내고 싶다!'라는 시선을 사진으로 연습할 수 있거든요.

세 번째, 새로운 시도를 두려워하지 말고 도전하고 부딪히세요. 한정된 공간과 사람들만 만나면 경험치가 너무 좁아 세상을 보는 이해의 폭도 좁아질 수밖에 없어요. 거리를 지나는데 누가 서명을 받고 있다면, 그냥 지나치지 말고 왜 이게 필요한지 한 번 이야기를 들어 보세요. 낯선 곳으로 봉사 활동도 가 보구요. 세상의 모든 사람들과 삶 속에 큰 배움과 울림이 있을 수 있고, 그것은 내가 성장하는 데 큰 자양분이 될 수 있습니다.

그리고 마지막으로 공감 능력을 키우세요. PD는 혼자 일하는 직업이 아닙니다. 작가, 카메라, 조명, 출연자 등 수많은 팀원들이 각자 최대한의 능력을 발휘할 수 있도록 돕는 것이 PD가 해야 하는 가장 중요한 작업입니다. 그러려면 리더십이 필요한데, 그 리더십은 바로 공감 능력에서부터 나온다고 생각합니다.

Q 마지막으로 청소년들에게 해 주고 싶은 이야기가 있다면요?

꿈을 꾸는 건 아주 중요한 일이라고 생각해요. 하지만 앞으로 뭐가 되면 좋을지 꿈이 없다고 너무 걱정하거나 실망할 필요는 없어요. 꿈은 갑자기 생길 수 있고, 또 계속 바뀌기도 할 테니까요. 지금 당장 꿈이 없다면, 나 자신과 내 삶에 대한 질문을 만들고 그 답을 고민해 보세요. 나는 무엇에 관심이 많고, 뭘 하면 행복한지. 그것에 대해 재능이 없어도 괜찮아요. 어떤 분야에서 엄청난 업적을 남긴 분들을 만나 보면, 재능보다는 99%의 노력으로 좋은 결과를 얻은 분들이 대부분이더라고요. 여러분이 자신에 대해 고민하고 답을 찾아가는 과정은 여러분이 하고 싶은 일을 찾아가는 과정이 될 것이고, 그것은 또 여러분들의 삶을 조금씩 완성해 가는 과정일 것이라고 생각해요. 무엇이든 될 수 있는 여러분 모두를 진심으로 응원합니다.

02

방송 작가

1. 방송 작가란?

김수현, 문영남, 김은숙, 박해영, 김은희, 박경수 등은 일반인들도 알 정도로 유명한 드라마 작가들이다. 〈파리의 연인〉, 〈시크릿 가든〉, 〈태양의 후예〉, 〈도깨비〉의 작가 김은숙 씨의 회당 집필료는 1억 원을 넘는 것으로 신문 기사에 나오고, 유명 드라마작가들은 '○○사단'이라는 표현을 써서 1인 기업의 힘을 과시하고 있다. 또한 미리 대본에서부터 출연할 연기자를 정하고 글을 쓰고 있다는 말도 있다.

방송 작가는 이처럼 방송 프로그램(드라마 또는 비드라마) 제작을 위한 대본을 작성하는 일을 하는 사람이다. 드라마를 쓰는 드라마 작가와 시사, 다큐멘터리, 쇼, 오락, 개그 등 드라마 이외의 프로그램을 만드는 구성 작가로 크게 나눌 수 있다.

드라마 작가는 방송국과 집필 계약은 맺고 드라마 대본을 쓴다. 드라마 대본에는 연기자의 대사는 물론 동작(지문)도 자세히 표현되어 있다. 구성 작가는 텔레비전 프로그램과 라디오 프로그램 등을 구성하고 대본 쓰는 일을 한다. 구성 작가는 단순히 대본을 쓰는 것이 아니라 PD와 함께 프로그램 소재를 찾고, 방송 출연진은 누구로 할지, 내용은 어떻게 할지 등 프로그램 전체의 방향을 함께 잡는다.

2. 방송 작가가 하는 일

방송 작가는 작품에 필요한 자료 수집을 위해 서점, 도서관을 비롯해 다양한 곳을 찾아다니며 다양한 사람을 만나서 자문을 구한다.

드라마 작가는 보통 방송국과 계약을 맺은 후 작품을 쓰게 된다. 물론 그전에 본인이 쓸 대략적인 틀이 준비된 경우도 많다. 출연자의 성격, 시대적 배경, 장소 등을 결정해 시나리오(대본)를 쓰기 위해 주제, 등장인물 및 이야기를 구상한다. 쓰는 중간에 PD와 함께 작품의 내용을 협의하고 수정하는 일도 있다. 드라마 작가는 작품을 재미있게 쓰는 것 못지않게 촬영 스케줄에 지장이 없도록 약속한 시간 안에 대본을 탈고해서 촬영장으로 보내는 것도 중요하다. 한때 '쪽 대본'이라고 부르는 조각난 대본이 바삐 오가며 드라마를 제작하던 시대까지 있었다. 대본이 없으면 촬영 자체가 불가능하기 때문에 대본이 나올 때까지 기다리는 수밖에 없었다. 최근에는 '사전 제작제'의 도입으로 이런 일들은 사라지고 있다.

구성 작가는 PD와 협의하여 방송을 할 '거리'인 아이템을 선정하고, 대본, 내레이션 원고 등을 작성하는 일을 한다. 쇼 프로그램의 구성 작가일 경우, 원고 작성 외에도 방송 출연진을 섭외하는 일의 비중도 높은 편이다. 이외에도 장소 등을 섭외하거나, 자막을 정하고 소품을 준비하는 등 방송 제작 전 과정에 참여한다. 자료를 수집하고 정리하며, 수집한 자료를 바탕으로 원고를 작성하며, 방송 중에는 프로그램 진행자의 순조로운 진행을 돕고, 즉각적으로 원고를 수정하기도 한다. 많은 일을 하는 구성 작가이고 보니 하나의 프로그램에 3명 정도의 구성 작가가 참여한다. 이들은 프로그램을 총괄하는 메인 작가부터 출연자를 섭외하거나 촬영장에 함께 가는 등 메인 작가를 받쳐 주는 보조 작가, 그 밑에 리서치(자료 조사원)라 불리는 막내 작가가 있다.

3. 방송 작가가 되는 방법

　무엇보다도 작가는 재미있는 글로 자신을 드러내야 한다. 따라서 글로 이야기를 구성해 내는 스토리텔링 능력이 탁월해야 한다. 어휘력이 풍부해야 하기 때문에 평소에 책을 많이 읽어 언어에 대한 감각과 글로 잘 표현할 줄 아는 표현력, 문장력을 갖추고 있어야 한다. 방송 프로그램에 대한 기획력과 영상 감각도 필요하다. 평소 방송 소재 개발을 위해 역사적인 사건과 사회 현상, 유행에도 관심을 두는 것이 좋으며, 다양한 문화와 장르에 흥미를 갖는 것이 새로운 작품을 만드는 데 도움이 된다. 시청자가 무엇을 좋아하는지 아는 감각도 필요하고, 일이 몰리면 며칠씩 밤을 새우는 경우도 허다하기 때문에 체력과 정신력은 기본이다.

　방송 작가는 보통 방송사나 영상 제작사 등의 공채, 극본 공모전, 인맥, 혹은 방송 작가 양성 교육기관의 추천 등을 통해서 일을 하게 된다. 방송사 공채나 작가 양성기관의 교육생 모집 시 전문대졸 이상자에 한해 모집하기도 한다. 방송 작가는 대부분 프리랜서로 활동하기 때문에 프로그램을 맡으면 그에 해당하는 원고료를 받게 되며, 작품의 흥행에 따라 작가로서 인지도가 올라가고, 이에 따라 높은 원고료를 받을 수 있다. 처음에는 보조 작가로 출발하여 자료 수집, 섭외 등을 맡다가 경력을 쌓고 충분한 훈련을 거친 다음 공모전에 등단해서 메인 작가가 되는 경우도 있다.

　대학에서 무엇을 전공해도 상관없으나, 현재는 문예창작을 전공한 사람들의 진출이 활발한 것이 사실이다. 관련 학과에 진학하면 다양한 작품과 작가를 분석하고 습작 훈련을 통해 문장력, 표현력 등을 기를 수 있기 때문이다. 그러나 여기에 더해서 작가적 자질을 스스로 키워나가는 노력이 더 중요하다. 늦깎이로 데뷔하는 경우도 있는데, 보통은 방송아카데미, 관련 협회 등 사설학원을 통해 관련 교육을 받을거나 대학교 내 평생교육원 등에 개설된 작가 양성 과정을 통해 전문적인 창작 훈련을 받고 문학적 소질을 키워서 등단하는 경우가 대부분이다.

4. 방송 작가의 직업적 전망

방송 작가는 언제나 새로운 창작품을 발표해야 한다는 부담감이 있기 때문에 타 직업인에 비해 스트레스가 많은 편이며, PD와 마찬가지로 시청률, 청취율을 높여야 한다는 정신적 압박을 받기도 한다. 또한, 시간이 정해진 경

우 원고 마감 시간에 맞추어야 하므로 압박감을 느끼기도 한다.

방송 작가의 고용은 영화 산업의 성장, 방송환경의 다매체 · 다채널화로 다소 증가할 것으로 전망되지만, 학교나 학원 등을 통해 매년 배출되는 전문 인력이 많고, 지명도가 높은 기존 작가에게 작품의 기회가 더 많이 주어지기 때문에 신규 인력의 진입이나 기회를 얻는 일은 점점 어려워지고 있다. 결국 끊임없는 노력으로 경쟁력을 키워나가고 참신하게 자신을 갈고닦아 기회를 얻어야만 가능하다.

방송 작가는 중간에 그만두는 일도 많다. 입문 후 작업에 필요한 지식과 기술을 스승과 제자처럼 닦는 도제식 훈련과 경험을 쌓아서 자신의 작품을 내놓는 경우가 많은데 막내 작가로 들어가서 자료 조사부터 시작해 실무 경험을 쌓게 되는 중간에 힘들어서 포기하는 것이다. 여기에 방송 작가는 정규직이 아니라 프로그램별로 계약을 맺어 고용하고 있기 때문이 고용 불안도 크고, 방송계 전반이 그렇듯 선후배 간 위계질서가 강하다.

이 직업을 가진 **사람**에게 듣는다

Interview

방송 작가

홍주영

먼저 어떤 작품들을 하셨는지 소개 부탁드립니다.

저는 처음엔 예능 작가로 시작해서 지금은 교양 파트에서 주로 다큐멘터리를 제작하고 있습니다. 〈EBS 다큐 프라임 · 정서지능〉, 〈SBS 스페셜 – 이영애의 만찬〉, 최근에는 〈MBC 스페셜 – 지방의 누명〉 등을 집필했고요. 작가 경력은 25년 정도 됐습니다.

원래 꿈이 방송 작가이셨던 건가요?

어릴 때부터 TV 보는 것을 엄청 좋아했어요. 저뿐 아니라 방송 일을 하는 주변 사람들을 보면 대부분 그래요. 어릴 때부터 TV를 유난히 좋아해서 프로그램의 히스토리를 꿰고 있더라고요. 그렇게 좋아하는 TV 프로그램을 내가 직접 만들고, 또 연예인들과 일을 할 수 있어서 정말 신나는 직업이라고 생각했어요. 좀 단순한 마음에 시작했는데, 하면서 보니 생각했던 것보다 훨씬 매력적인 직업인 것 같아요.

방송 작가란 어떤 직업인가요?

방송 작가는 TV 프로그램을 만드는 사람이지요. 회사에 부서가 나뉘는 것처럼 방송 작가도 드라마, 교양, 예능, 라디오 각 파트별로 하는 일이나 역할이 조금씩 다릅니다. 교양 작가는 사회에서 일어나는 흥미로운 일을 시청자들에게 쉽게 전달하는 일을 하고요. 예능과 라디오 작가는 일상의 소소한 재미를 극대화해서 프로그램으로 만들어요. 그리고 드라마 대본을 쓰는 일까지, 방송 작가들은 방송이란 매체를 통해 시청자들에게 다양한 감성과 정보를 전하는 업무를 하고 있다고 말할 수 있습니다. 사실 방송은 책과 비슷한 기능을 하기도 해요. 하지만 글이 아니라 '영상'이라는 언어로 전달되는 데다 집에서 TV만 켜면 바로 접할 수 있기 때문에 더 공익성이 고려되어야 하고 또 시청자가 이해하기 쉽게 제작되어야 합니다.

방송 작가는 어떤 일을 하는지 구체적인 업무가 궁금합니다.

방송국과 프로그램마다 조금씩 다르긴 합니다만, 예능 작가의 경우, 주된 업무는 회의와 촬영이라고 할 수 있어요. 어떤 내용을 담을지, 누구를 섭외할지, 아이디어를 내서 스토리를 만들고, 촬영할 때는 각 출연자와 제작진들이 각자 최대한의 장점과 특기를 발휘해서 재미있게 진행될 수 있도록 돕고, 촬영이 끝난 후엔 자막 편집 같은 후반 작업을 같이하기도 합니다. 교양 작가는 일단 공부량이 아주 많습니다. 아이템이 정해지면 방대한 자료를 수집해서 공부한 후,

어떤 메시지를 전달할지, 누구와 뭘 촬영할지 결정해 세팅합니다. 가구성안을 써서 프로그램 줄거리를 만들고, 촬영이 끝나면 이 영상으로 다시 스토리를 만들어 대본을 씁니다. 그러니까 PD와 함께 방송 프로그램 기획 단계부터 모든 작업을 다 해야 한다고 생각하시면 됩니다. 일이 굉장히 많은 직업이지요.

 자신의 직업을 매력적으로 생각하는 사람은 많지 않을 것 같은데, 어떤 점들이 그렇게 좋은가요?

작가는 끊임없이 아이디어를 내야 하는 직업이에요. 이것이 힘들기도 한데 성취감 또한 엄청 크거든요. 처음 예능에서 일할 때, 회의 시간에 내가 낸 아이디어가 방송 프로그램으로 만들어지고, 내가 쓴 대본을 연예인이 말하고, 내 구성대로 프로그램이 진행된다는 것이 정말 가슴 벅차고 즐거웠어요.

교양 쪽 일을 하니 이번에는 새로운 공부를 계속 해야 하는데 제가 점점 똑똑해지고 시야가 넓어지는 거예요. 사람들이 잘 모르는 정보를 먼저 얻고, 정리해서 프로그램을 만들면 다른 사람들이 내 생각에 공감해 주고 더 나아가 그들의 인생이 바뀌기도 하는 걸 보면서 이 일이 얼마나 가치 있는지 새삼 깨닫게 됐어요. 위클리 프로그램은 매주 새로운 정보를 담아야 하고, 다큐멘터리도 몇 개월에 한 편씩은 만들어야 하니 지루하거나 나태해질 틈이 없어요.

그리고 저는 프로그램을 만들 때 나부터 변하자는 생각을 많이 합니다. 다른 사람을 변화시키거나 내 부족한 부분을 뒤돌아보고 성장시킬 수 있으면 성공한 거라고 생각하거든요. 예를 들면 우리 딸이 어릴 때는 육아 다큐를 계속 기획해서 만들었어요. 제가 육아에 가장 관심을 갖고 있었으니까 그 분야를 공부하면서 다

큐 아이템을 찾는 거죠. 그래서 프로그램을 하면서 제 육아의 부족한 부분을 돌아보게 되었고, 딸에게도 긍정적인 영향을 미치게 됐어요. 아이가 어느 정도 자란 후에는 아이에게 뭘 먹여야 할지, 나는 건강을 위해서 뭘 먹어야 할지 고민하면서 밥상 시리즈를 기획했어요. 그러니까 저의 개인적 고민이 프로그램의 시초가 되고 프로그램이 또 저를 성장시켜 주는 원동력이 되어 준 거예요.

 방송에 관한 아이디어는 어떻게 얻나요?

일상생활이 다 아이템이에요. 신문에 조그맣게 난 짧은 기사, 책에 나온 내용, 친구한테 들은 이야기 등 일상생활에서 촉을 세우고 그 안에서 아이디어를 얻어요.

홍주영 작가님은 방송 작가라는 직업이 잘 어울리는 분 같아요, 어떤 유형, 성격이 방송 작가에 잘 어울릴까요?

소극적이고 수동적인 사람하고는 안 맞을 거 같아요. 매사에 적극적이고 사람에 대한 관심이 많고, 제일 중요한 건 쉽게 포기하지 않는 근성을 가진 사람이어야 한다고 생각해요. 뭔가 호기심이 생긴다면 그것에 대해 끊임없이 물음표를 던지면서 이야기의 퍼즐을 맞추어 가는 고집이 있어야 일을 잘 해낼 수 있어요. 그런데 이런 게 없는 사람도 "이 일을 죽도록 하고 싶다"는 열정이 있으면, 본인 성격을 바꿔가면서 방송 일을 하기도 해요. 저도 일을 하면서 성격 자체가 많이 바뀌었어요. 끝까지 물고 늘어지지 않으면 살아남지 못하니까 덜렁거리는 성격도 점점 꼼꼼하게 변하더라고요. 그러니까 가장 중요한 조건은 '열정'이라고 할 수 있겠네요.

그러면 방송 작가라는 직업의 단점은 뭘까요?

작가들은 모두 프리랜서예요. 프로그램에 따라 계약을 하기도 하지만 방송국 직원은 아닌 거죠. 그래서 '고용의 불안'에 시달려야 합니다. 언제 잘릴지 모른다는 뜻이에요. 극소수 스타 작가를 제외한 대부분의 작가들은 '내가 언제까지 일할 수 있을까' 걱정을 합니다. 그런데 요즘은 다른 직업들도 워낙 불안정해서 상대적 박탈감이 좀 줄어든 감도 없지 않아요. 또 결혼을 하고 아이를 기르다 보니 프리랜서로 일하는 것이 오히려 장점으로 느껴지기도 합니다. 제가 원하는 시기에 일을 멈추었다가 또 원하는 시기에 시작할 수 있으니까요.

고용의 불안만큼 또 하나의 큰 단점은 업무량이 많다는 겁니다. 고민을 많이 하고 준비를 많이 할수록 결과물이 확연히 달라지기 때문에 일을 대충하면 완전히 티가 납니다. 절대 남들한테 묻어갈 수 없어요. 그래서 매사에 열심히 할 수밖에 없고, 그러다 보면 개인 시간이 부족해 여러 가지 문제가 생기게 됩니다. 인간관계가 끊어진다든지, 잠과 휴식이 부족해 건강이 상한다든지, 가족 구성원으로서 역할을 제대로 할 수 없게 되지요. 미혼일 때는 불효자, 기혼일 때는 나쁜 엄마, 혹은 나쁜 아빠가 됩니다. 그래서 자아를 유지하기 위해 필요한 최소한의 시간과 일을 잘하기 위해 필요한 최소한의 시간이 만나는 지점을 잘 찾아서 두 가지의 균형을 맞추어 나가야 합니다.

작가님은 어떤 과정을 통해 방송 작가가 되셨나요?

저는 작가교육원에 6개월 동안 다녔어요. 대부분 이런 경로로 작가가 되지요. 사실 아카데미에서 배우는 내용이 많지 않아 굳이 다니지 않아도 상관은 없어요. 다른 회사도 마찬가지겠지만 방송일은 신뢰가 중요합니다. 처음에 일을 잘 한다는 이미지를 심어 주는 것이 아주 중요해요.

막내 작가로 일을 시작한 친구들은 쉽게 자괴감을 느끼기도 합니다. 방송일 하러 들어왔는데, 하루 종일 자료만 찾고, 복사는 또 왜 이렇게 많은지, 프린터는 자꾸 고장 나고, 선배들은 온갖 잡다한 심부름을 다 시키

거든요. 그 과정이 쓸데없는 시간 낭비라고 생각하면 정말 시간 낭비가 되고, 그것을 지혜롭게 해결하려고 애쓰다 보면 정말 많이 배우게 돼요. 더불어 '일 잘하는 작가'로 주변 스태프들에게 인정받게 되지요. 그 다음부턴 한결 수월해집니다. 드라마 '미생'에서 신입 사원이 회사에 적응하는 과정과 비슷하죠.

그러니까 어떤 직업이든 자기 앞길은 스스로 만들어 나가는 것 같아요. 널찍한 길이 앞에 뚝 떨어지길 바라는 건 어리석은 기대일 뿐입니다.

앞으로 방송 작가의 비전은 어떨까요?

스토리텔링의 시대잖아요. 스토리를 만드는 작가의 기본 작업은 방송은 물론 기업 홍보물, 다양한 매체의 콘텐츠 등 대부분의 분야에다 쓰이는 일입니다. 그만큼 작가가 일할 수 있는 영역이 커졌다고 말할 수 있지요. 그리고 예능, 교양, 드라마 심지어 영화까지도 그 경계가 점점 허물어지고 있습니다. 장르를 넘나드는 작가들도 많아졌고요. 기본 아이디어, 스토리 구성력, 취재력 그리고 열정과 성실함을 가지고 적극적으로 일한다면 어떤 분야든 할 수 있는 일은 얼마든지 많다고 생각합니다.

방송 작가를 꿈꾸는 친구들에게 해 주고 싶은 이야기가 있다면요?

방송 작가는 고도의 창의력이 필요한 직업입니다. 일반적으로 창의력이라고 하면 '놀아야 한다'고 생각하는데, 저는 그렇게 생각하지 않습니다. 아무 생각 없이 놀면 그냥 시간만 흘러가요. 어떤 지식의 기반에 엉뚱한 생각이 더해질 때 창의력이 발현된다고 생각해요. 그래서 작가는 다방면에 관심을 가지고 끝없이 다양한 경험과 지식을 습득해야 합니다. 이것은 방송 쪽 일을 하는 모든 사람에게 다 해당될 것이라고 생각해요. 어떤 사람이 나와서 어떤 이야기를 하는지, 왜 저 사람이 인기가 있는지, 저 프로그램은 왜 재미가 없는지 호기심과 흥미를 가지고 생각을 하면서 TV를 많이 보세요. 그리고 최대한 많은 경험을 하고 많은 사람들을 만나 다양한 삶의 모습을 체험하세요. 여러분의 머릿속에 궁금하고 재미있는 이야깃거리들이 차오르면 여러분은 최고의 방송 작가가 될 준비가 된 것입니다.

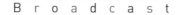

03
카메라 감독

1. 카메라 감독이란?

카메라 감독, 혹은 촬영감독은 촬영 기술에 관한 지식을 기초로 영화 카메라, 스튜디오 카메라 등의 촬영 장비를 사용하여 각종 물체나 대상을 촬영하는 사람을 말한다. 카메라 감독은 영화 카메라 감독뿐만 아니라 CF, 드라마, 예능, 다큐멘터리 등 다양한 분야에서 활동한다.

2. 카메라 감독이 하는 일

카메라 감독은 대본이나 시나리오의 장면을 파악하고, PD나 감독과 협의하여 화면

121
03 카메라 감독

의 배열을 결정한다. 이때 화면의 노출, 촬영 대상과 카메라의 움직임, 방향, 촬영 대상과의 거리, 기타 제반 문제점들을 고려하여 촬영한다. 때로는 다양한 뷰(view)를 얻기 위해서 항공 및 수중 촬영용 특수 카메라를 사용하기도 한다. 촬영이 완료되면 필름이나 배터리를 교환하고 촬영 일시, 장면 등을 기록하며, 백업하고 저장한다. 촬영 중에 파손된 촬영 장비 등을 수리하기도 한다.

카메라 감독은 한 편의 영화에서 영상의 균형과 통일성을 책임져야 하기 때문에 각각의 장면을 촬영할 때 조명과 색상에 신경을 써야 할 뿐만 아니라, 보여지는 것 이상의 것을 추구할 줄 알아야 한다. 이를 위해 PD나 감독이 원하는 이미지에 대하여 서로 의견을 나누고, 프로그램의 시각적 개념을 구축하는 데 도움을 준다. 세트의 배열에 관해서는 미술 감독과 상의하기도 한다. 배경이 되는 세트 구조가 카메라 움직임과 밀접한 관계가 있기 때문이다. 1980년대 이후에는 영화 촬영 기술의 발달과 함께 미국에서는 헬리캠을 이용한 촬영 방식이 도입되었고, 우리나라도 이를 빠르게 도입해서 촬영 현장에서 사용하고 있다. 사람이 직접 타야만 하는 항공기 촬영은 비행 허가와 안전, 비용 등의 문제로 현실적으로 촬영에 접목하는 것이 불가능했지만, 헬리캠과 이후 등장한 드론 덕분에 신속성과 기동성을 갖추었으며, 비용마저 경제적이라는 점에서 각광을 받게 되었다. 덕분에 무인 항공 카메라 감독이라는 새로운 직업이 생겨나기도 했다.

3. 카메라 감독이 되는 방법과 전망

카메라 감독은 영상물 제작 과정을 전반적으로 이해하고 각종 장비를 다루는 기술을 갖춰야 하므로 카메라와 촬영 전반에 관한 전문적인 교육과 훈련이 필요하다. 따라서 전문 대학 및 대학교의 전기, 전자, 통신 관련 학과, 또는 영상 제작, 방송기술 관련 학과를 졸업하거나 사설학원에서 관련 교육을 반드시 받아야 한다. 전문 대학을 중심으로 개설된 영상 및 방송 기술 관련 학과에서는 촬영, 편집, 음향 등 방송 및 영상물 제작 전반에 대한 이론과 실기를 공부하며 실제 프로그램 제작 실습을 통해 실무를 익히도록 하고 있기 때문이다. 이후에는 인맥이나 교육기관의 추천으로 영화사의 촬영부나 조명부의 스태프로 들어가서 경험을 쌓거나 방송국의 촬영 팀에 합류해서 일을 배운다. 과거에는 기술을 배우는 도제 시스템이 일반적이었으나 점차 국내외에서 촬영, 조명, 음향 등에 대한 체계적인 공부를 하고 현장 실습 후 곧바로 실무에 투입되는 경우가 늘고 있다.

개인적인 노력과 준비도 필요하다. 스스로 카메라 감독의 입장에 서서 단편영화나 홍보영화, 간단한 유튜브용 영상을 스스로 기획부터 연출까지 해서 직접 촬영하는 경험을 쌓고 드론 촬영과 조명 기술을 익히면서 카메라의 움직임, 각도, 노출 등의 특성에 대한 이해력을 높여나가는 것이다.

보통 취업 후 3~5년은 촬영 기술 보조원 및 카메라맨으로 일하게 된다. 카메라맨은 우리가 흔히 알고 있는 VJ 직업으로 상호 전직도 가능하다. 카메라 감독으로 10년 동안 근무하면 카메라 총감독으로 승진하게 된다. 영화 카메라 감독에서 방송 카메라 감독으로의 전직도 가능하며, 카메라 감독이나 카메라 총감독에서 PD로 전직하는 경우도 있다.

방송국의 카메라 감독은 본인이 영상을 직접 찍을 뿐만 아니라, PD가 더 좋은 화면을 만들 수 있도록 렌즈, 앵글, 구도 등 촬영 전반, 나아가 작품 전반에 대해 조언하는 사람이기에 영상 콘텐츠 제작이 계속되는 한 반드시 필요한 제작 인력이다. 보통 4~5명의 인원으로 촬영부를 구성하고, 촬영뿐 아니라 카메라와 관련된 촬영 장비들을 관리하고 책임지는 역할을 하며, 실력을 인정받으면 일할 기회는 더욱 많아져서 따로 카메라 감독이 팀을 이뤄 독립된 사무실을 운영하는 사례도 많다.

하지만 방송 관련 모든 직종과 마찬가지로 일정 수준까지 오르기가 힘들며, 일단 전문가로 알려지기까지 힘든 과정을 거쳐야 한다.

이 직업을 가진 사람에게 듣는다

erview

카메라 감독

지상열

 카메라 감독님 중에 가장 유명하신 분일 것 같아요. 〈1박 2일〉팀 제7의 멤버, 묵찌빠 감독님으로 유명하신데, 지금까지 어떤 작품들을 하셨는지요?

저는 86년도에 KBS 공채 13기로 입사한 후 드라마 〈젊은이의 양지〉, 〈용의 눈물〉, 〈젊은이의 행진〉, 〈쟁반노래방〉, 〈X맨〉, 〈해피투게더〉, 〈러닝맨〉 등에서 카메라 감독을 맡았고 현재 한국예술원에서 교편도 함께 잡고 있습니다.

 원래 '카메라 감독'이라는 직업을 꿈꾸신 건가요?

제가 이 일을 하게 된 것은 두 가지 전혀 다른 이유가 복합적으로 작용했었어요. 첫 번째는 경제적인 이유 때문이었는데, 저희 부모님이 두 분다 이북분이셔서 일가 친척이 아무도 없었어요. 제가 최대한 돈도 많이 벌고 자리를 잘 잡아야 하는 상황이었죠. 저의 첫 직장은 대기업이었는데, 방송국 월급이 훨씬 높았기 때문에 공부를 열심히 해서 공채에 합격해 이직을 했습니다. 회사에 들어와서도 정말 열심히 일했어요. KBS에 존재하는 상이란 상은 다 받았습니다.

두 번째 이유는, 저는 글을 쓰고 싶었어요. 과목 중에서도 국어를 제일 좋아하고 책도 아주 좋아합니다. 글을 정말 잘 쓰고 싶은데 그 재능은 부족하더라고요. 대신 제가 영상으로 이야기를 담는 것은 남들보다 잘 한다는 걸 알았어요. 그래서 카메라를 하게 된 거예요.

 드라마와 예능, 다큐, 다양한 장르를 다 하셨는데, 원래 이렇게 장르 구분 없이 일을 하나요?

제가 운이 좋은 겁니다. 방송의 모든 영역을 체험했거든요. 맨 처음 입사했을 때 KBS 별관 스튜디오로 배정을 받았어요. 거기서 쇼 프로그램과 교양 프로그램을 배웠고, 또 아시안 게임과 올림픽이라는, 경험하기 힘든 대규모 스케일의 스포츠 경기도 촬영할 수 있었고요. 지방 순환 근무를 하면서 어깨에 메고 찍는 ENG 카메라도 익혔고… 이렇게 두루두루 장르를 거치면서 기초를 탄탄하게 배울 수 있었어요.

그래서 카메라 여러 대로 촬영하는 멀티 카메라 기법을 시도할 수 있었던 것 같아요. '멀티 카메라'라는 것은 여러 대의 카메라를 동시에 운용하는 것을 말합니다. 〈1박 2일〉 같은 예능 프로그램에서 카메라 여러 대

"
지금은 TV뿐 아니라 **동영상을 볼 수 있는 채널이
다양**해졌잖아요. 실력만 있다면 일은 얼마든지 있습니다.
결국은 본인의 의지에 달린 문제예요.
"

가 동시에 촬영을 하잖아요. 그런데 그 많은 카메라들이 같은 것을 찍지 않도록, 메인 카메라 감독이 각 카메라의 앵글과 역할을 분담해줘야 해요. 이렇게 많은 카메라를 운용, 지휘할 수 있는 사람이 많지는 않습니다. 그런데 왜 한 대로 안 찍고 이렇게 복잡한 멀티 카메라를 써야 하냐면, 카메라가 많아야지만 진짜를 잡아낼 수 있기 때문입니다. 예전에 카메라 한 대로 찍을 때는 사람들의 웃음이 나오는 순간을 카메라가 바로 포착할 수가 없었어요. 웃기는 말을 하고 있는 그 사람을 찍고 있어야 하니까 옆에 있는 사람의 리액션을 찍을 수 없는 거죠. 그래서 나중에 "자, 아까처럼 웃어 주세요~" "와~" 이렇게 리액션을 다시 따야 했단 말이죠. 그래서 가장 생생한 웃음, 재미있는 상황을 포착하기 위해 멀티 카메라가 필수 요소가 됐어요. 1박 2일의 경우 카메라가 13~14대 정도가 투입됩니다.

카메라로 이야기를 한다는 것에 대해 좀 더 설명해 주세요.

만약에 이효석의 〈메밀꽃 필 무렵〉을 드라마로 찍는다고 생각해 보세요. 허생원이 메밀밭을 지나가는 장면을 촬영할 때 카메라에 뭘 담을 것인가. 그냥 별 생각 없이 메밀꽃을 찍을 때와 물레방앗간의 하룻밤 사랑을 평생 가슴에 품은 허생원의 아련한 그리움을 생각하며 메밀꽃을 찍을 때 결과물이 같겠냐는 거죠. 스틸 카메라 찍는 분을 사진작가라고 하잖아요. 저는 카메라맨도 작가라고 생각합니다.

작가는 대본으로 이야기를 풀어내고, 사진작가는 한 장의 사진에 이야기를 담는다면, 카메라맨은 영상으로 이야기를 하는 사람인 것이죠. 그래서 자막과 대사 없이 영상으로만 이야기를 전달할 수 있어야 한다고 생각해요. 정말 어려운 일이긴 하지만요.

'카메라맨'이라고 하면, 저를 포함한 많은 사람들이 카메라라는 기계를 잘 다루는 것을 떠올릴 텐데, 의외의 대답을 해 주셨네요.

학생들한테도 늘 하는 이야기입니다. 카메라를 다루는 기능인이 되지 말고, 진짜 감독, 전문가가 되라고요. 카메라라는 기계는 금방 배웁니다. 줌인 줌아웃 배우면 누구나 다 할 수 있는 일이에요. PD랑 촬영을 가서 "뭐 찍을까요?" "이 두 사람 투 샷 잡아 주세요" PD가 시키는 대로 딱 그것만 찍어 주면 그것은 기능인이에요. 나 아니라 누가 가도 똑같이 찍을 수 있는 거죠. 전문가는 그래서는 안 됩니다. 나만의 그림을 만들어야 하는 것이죠. 누구도 나를 대체할 수 없도록 말이죠.

기능인이 아니라 전문가가 되려면 어떤 노력을 해야 할까요?

먼저 이해력이 뛰어나야 합니다. 대본이나 큐시트를 받았을 때 그 대사나 구성의 흐름을 이해할 수 있어야 해요. 그리고 잡다하게 아는 것도 많아야 합니다. 〈TV 미술관〉 촬영을 나가서 분청사기를 찍는

데, 음각에 대한 이해가 안 되어 있으면 뭘 찍어야 할지 난감해집니다. 음악회 촬영을 가서 "제1 바이올린 잡아 주세요" "바순, 잡아 주세요" 하는데 누가 제1바이올린인지, 바순이 어떻게 생겼는지 모르면 또 곤란해요. 그래서 저는 카메라맨이 되고자 하는 사람도 책을 많이 읽어야 한다고 늘 강조합니다.

그리고 사람을 통해 결과물을 얻어내는 것이기 때문에 기본적인 인성이 바탕이 되어야 합니다. 인터뷰를 하러 나갔을 때를 생각해 보면요. 카메라 앞에 서면 누구나 긴장을 하게 됩니다. 좋은 결과를 얻으려면 취재원의 마음을 편하게 해 줘야 해요. 그러니까 복장부터 아주 무난해야 합니다. 인상을 쓰고 있거나 하품을 하면 취재원한테 좋은 이야기, 재미있는 내용을 끌어낼수가 없습니다. 국악에서 추임새 넣듯이 말 한마디에 웃어 주고 고개를 끄떡여주며 공감해 주어야 훨씬 이야기가 잘 나와요. 이것은 사실 배려심을 바탕으로 한 기본예절이기도 합니다.

또 한 가지를 덧붙이자면 리더십을 가져야 합니다. 촬영은 수십 명의 스태프들이 각자 역할을 잘 해냈을 때 비로소 좋은 결과물을 얻을 수 있습니다. 어느 파트건 하나만 잘못되어도 엉망이 되고 말죠. 그래서 카메라 감독은 스태프들이 PD의 지휘 하에서 각자 최상의 능력을 발휘할 수 있도록 팀원들을 다독이고 격려해야 합니다. 〈1박 2일〉에서 제가 묵찌빠를 열심히 하는 것

도 일종의 팀워크를 다지기 위한 행동이라고 할 수 있어요. 방송은 결국 인간관계가 만들어 내는 합작품입니다. 서로 챙겨 주고 존중하지 않으면 절대 결과물을 얻을 수 없어요.

카메라맨이라는 직업의 단점은 뭘까요?

시간이 자유롭지 않다는 것이 최고의 단점입니다. 그건 방송일 하는 사람은 다 마찬가지일 것 같은데, 애들한테 존경받지 못하는 아빠가 될 수밖에 없어요. 어린이날에는 다른 어린이 노는 걸 촬영하러 가고, 설날에도 다른 가족들 떡국 먹는 거를 찍어야 하니까 애들이 얼마나 불만이 많겠어요. 그런 것은 참 미안하죠.

전망은 어떨까요? 공채 뽑는 숫자도 많이 줄었다던데 너무 진입로가 좁은 거 아닐까요?

전망은 아주 좋다고 확신합니다. 지금은 TV뿐 아니라 동영상을 볼 수 있는 채널이 다양해졌잖아요. 굳이 방송국 공채라는 경로만 고집할 필요가 없어요. 실력만 있다면 일은 얼마든지 있습니다. 결국은 본인의 의지에 달린 문제예요.

여자가 이 일을 하기에는 체력적으로 좀 무리가 되지 않을까요?

저는 전혀 상관없다고 생각합니다. 왜냐면 이건 힘으로 하는 일이 아니에요. 직업이라는 게 무서운 겁니다. 이것이 직업이 되는 순간 카메라는 저랑 한 몸이나 마찬가지인 거예요. 일종의 초능력이라고 할까요? 이 장면을 촬영해야 한다고 생각하면 카메라의 무게감은 전혀 느껴지지 않습니다. 그래서 카메라를 들

고 히말라야도 오를 수 있는 거예요. 여자 카메라 감독도 카메라 들고 산에 잘 올라갑니다. 여자 지원자들도 많고요. 게다가 요즘은 장비가 좋아져서 무게가 7kg 정도로 줄었으니까 충분히 감당할 수 있을 것이라고 생각합니다.

Q 청소년들에게 해 주고 싶은 조언이 있다면요?

지금 공부건 뭐건 아무것도 하기 싫은 사람들도 분명히 있을 거예요. 그냥 엄마가 시키니까, 혼내니까 아무 생각 없이 시간을 때우는 친구도 있을 거예요. 왜 내가 학교에 와야 하는지, 왜 인생을 열심히 살아야 하는지 그걸 느끼기엔 아직 어릴 수도 있어요. 하지만 오늘 한 번쯤은 곰곰이 생각해 보세요. 나

는 커서 뭘 하면서 살면 좋을지, 내 인생은 어땠으면 좋겠는지. 한번 구체적으로 그림을 그려 보는 거예요. 먼 미래 같지만, 사실은 그리 멀리 있지 않습니다. 그 미래는 곧 다가와요. 나는 5년 후에는 뭘 하고 있을까요? 10년 후에는 뭘 하고 있을까요? 그때도 아무것도 하기 싫을까요? 그때 나는 뭘 해야 행복할까요? 스스로와 진지하게 대화를 가져 보세요.

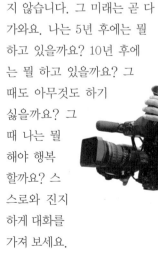

04
음악 감독

1. 음악 감독이란?

방송국에서 음악 감독은 보통 음향 기사 또는 녹음 기사를 말한다. 음향 기사 및 녹음 기사는 영화 또는 방송 드라마를 제작하기 위하여 음향 장비와 녹음 장비를 조작한다. 이들은 방송국의 주조정실, 부조정실, 중계차 등에서 영상, 음향, 조명 및 편집 관련 업무를 담당한다.

2. 음악 감독이 하는 일

보통 음향 기사는 사운드 믹싱 엔지니어(sound mixing engineer)라 부르며, 방송국 및 각종 공연장, 녹음 스튜디오 등에서 적합한 음향을 연출하기 위하여 고음, 중음, 저음을 조작하는 이퀄라이저(각각의 음색을 혼합하는 장치)를 조절하여 혼합하거나, 드라마에 들어갈 음악을 선정하여 CD나 데이터로 재생해서 각 장면에 맞도록 음향을 조정하는 등 영상에 어울리는 음향, 대사 등을 삽입하기 위하여 방송 장비를 조작한다. 한편 녹음 기사는 카메라에 연결된 녹음기의 가동 상태를 확인하고 조작해서 이를 오디오 장비에 수록한다. 편집기를 조작해서 프로그램의 화면과 음향을 재편집하기도 한다.

3. 음악 감독이 되는 방법 및 전망

영상물 제작 전반에 대한 이해와 각종 장비를 다루는 기술을 갖춰야 하므로 전문적인 교육과 훈련이 필요하다. 따라서 전문 대학 및 대학교의 전기, 전자, 통신 관련 학과, 또는 영상 제작, 방송 기술 관련 학과를 졸업하거나 사설학원에서 관련 교육을 받아야 한다. 음향 기사가 되기 위한 학력이나 전공의 제한은 없지만, 전문 대학이나 대학교의 음향 제작 관련 학과를 졸업하는 것이 유리하다. 한국방송아카데미나 전문 음향 학원에서 음향 기사가 되기 위한 교육과 훈련을 받을 수 있다. 영상 및 방송 기술 관련 학과에서는 촬영, 편집, 음향 등 방송 및 영상물 제작 전반에 대한 이론과 실기를 공부하며 실제 프로그램 제작 실습을 통해 실무를 익히도록 하고 있다. 관련 자격증으로 문화체육관광부 무대예술전문인 자격증이 있다.

음향 기사가 포함된 음향 및 녹음 기사는 일자리 창출과 성장이 더디나 취업 경쟁은 심하지 않은 편으로 나타났다. 음향 장비를 다루기 위한 전문적인 기술을 요하는 직업으로 업무에서의 자율성 및 권한은 높다. 최근 음악 감독으로 성공한 사람의 예를 들자면, 2016년 상반기 히트 드라마인 KBS 2TV 〈태양의 후예〉와 〈구르미 그린 달빛〉의 OST 음악 감독인 강동윤 씨가 있다. 〈태양의 후예〉는 OST 매출로만 120억 원을 넘겼으며, 이는 OST 시장에 전무후무한 기록으로 남았다.

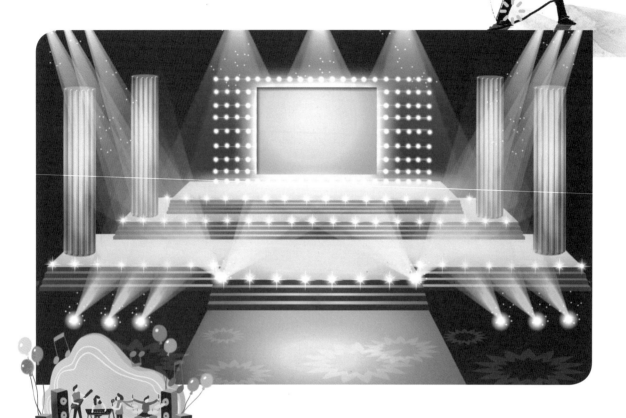

Broadcast

05
미술 감독(무대, 세트)

1. 미술 감독이란?

　　미술 감독이란 연극, 영화, 방송 프로그램 등을 제작하기 위하여 무대 장치인 세트를 만드는 사람을 말한다. 잘 만들어진 무대는 배우의 연기를 돋보이게 하고, 시청자의 몰입을 돕는다. 미술 감독은 대본을 분석해서 시대적 배경이 되는 당시의 사회 분위기와 의복, 건축 양식 등을 살리도록 노력한다.

2. 미술 감독이 하는 일

　　작업에 들어가기 전에 대본을 검토하고 무대 장치에 필요한 사항을 결정한다. 무대 장치의 종류, 크기, 색상 등 세부 사항을 결정하고 도면을 작성하며, 작성한 도면에 따라 무대 장치를 제작한다. 무대 제작이 완료된 이후에도 PD와 협의를 계속해서 각종 디테일을 수정·변경하는 과정을 거친다. 방송국에서는 드라마, 쇼, 교양 프로그램 등 한 가지 분야를 전문으로 선택하여 미술 감독을 하기도 한다.

3. 미술 감독이 되는 방법 및 전망

미술 감독은 미적 감각, 인테리어 감각, 공간 지각력 등이 필요하며, 무대 종사자들을 총괄하여 지휘할 수 있는 통솔력과 리더십이 요구된다. 무대 제작 시 돌발적으로 발생할 수 있는 안전 문제에 대해 빠르고 신속하게 대응할 수 있는 대처 능력과 정확한 판단력도 요구된다. 미술 감독은 세트 디자이너나 무대 연출자의 보조로 활동하면서 경력을 쌓은 후에 될 수 있다. 방송국의 공개 채용에는 보통 100대 1에 가까운 경쟁이 벌어진다. 세트 디자이너가 되려면 전문 대학 및 대학교 일부의 연극영화과 내에서 디자인 및 기술 전공을 하거나 무대미술과, 무대디자인과를 나오면 좋다. 한국예술종합학교, 서울예술대학교, 동아방송예술대학교 등에 관련 학과가 있다. 한국문화예술진흥원의 무대예술 아카데미, 그 외에도 사설학원을 통하여 무대 기술에 대한 이해와 극장 및 제작에 관한 기기, 기구, 재료와 함께 컴퓨터 그래픽에 이르기까지 폭넓은 지식을 쌓을 수 있다. 무엇보다도 방송, 영화, 공연 등을 보면서 감각을 키워야 하고, 인테리어 작업 경험을 많이 쌓는 것이 좋다.

사실 국내 연극·뮤지컬 분야에서 이름난 미술 감독은 모두 합쳐 10명이 채 되지 않는다. 미술 감독이 많지 않다는 것은 이 일만으로는 생계를 유지하기가 어렵다는 뜻이다. 소규모 무대를 제작하는 사람들은 대개 수입에 상관없이 일을 즐기거나 다른 일을 병행하는 경우가 많다.

06
조명 감독

1. 조명 감독이란?

조명이란 대상이 되는 물체에 빛을 주거나 조절하는 것을 말한다. 조명 감독은 드라마나 영화, 다큐멘터리, 예능 프로그램을 찍을 때 대상이 되는 사람이나 사물을 효과적으로 표현하기 위해 자연의 빛이나 인공의 빛을 선택하고 조정하는 사람이다. 기본적으로 조명 설비를 설치하고 조절하는 일을 한다. 조명 감독은 근무 시간이 일정하지 않으며, 무거운 조명 기구들을 옮겨야 하기 때문에 강인한 체력이 요구된다.

2. 조명 감독이 하는 일

조명 감독은 방송 프로그램에 따라 조명 설치 및 구성을 기획하고, 조명 작업을 위하

여 대본을 보고 현장을 답사해서 세부적인 조명 기기 구성을 위한 사전 준비를 한다. 촬영 현장의 여건에 따라 축전지 또는 발전기의 사용 여부를 결정하고 투광조명기, 반사판, 집중조명(spot light) 등의 조명 장비를 설치한다. 조명 기구를 옮기고, 라이트를 설치하고, 선을 연결하고, 알맞은 색의 필터를 끼우는 등 세팅을 완성한다. 이런 계획에 의해서 원하는 영상을 끌어낸다.

3. 조명 감독이 되는 방법 및 전망

조명 감독이 되려면 먼저 조명 기사로 일을 하면서 경력을 쌓아야 한다. 조명 감독은 무엇보다 색이나 빛에 대한 감각이 있어야 하고, 조명 기계를 다루어야 하므로 기계에 대한 지식도 필요하다. 원만한 인간관계도 요구되고, 여러 학문적 지식도 필요하다. 조명 이론에 대한 이해와 응용, 장비를 활용한 아이디어 등이 있으면 좋다.

전문 대학 및 대학교의 전기, 전자, 통신 관련 학과, 또는 영상 제작, 방송 기술 관련 학과를 졸업하거나 사설학원에서 관련 교육을 받는 것이 필요하다. 보통 조명 기사로서 7~8년 정도 경력을 쌓으면 조명 감독이 될 수 있다. 방송사의 경우, 직무의 난이도상 교양 프로그램, 드라마, 쇼, 중계 홀에서의 조명에 관한 업무를 맡게 된다. 전직을 하게 되면 개인 스튜디오에서 연출자 일을 한다. 조명 감독의 업무는 스튜디오와 야외 촬영장에서 번갈아 이루어진다. 조명 작업은 무겁고 뜨거운 등 기구를 다루어야 하므로 안전 관리에 유의해야 한다. 그리고 업무 특성상 건강한 신체를 유지하기 위해 건강 관리를 철저하게 해야 한다. 일 자체가 힘들기 때문에 여성보다는 남성이 주를 이룬다. 날이 갈수록 수준 높은 영상을 원하는 시청자와 관객이 늘고 있기는 하지만, 자리 자체는 한정되어 있다.

07
방송 송출 기사

1. 방송 송출 기사란?

방송국에서 프로그램이 제작, 편성되면 송출을 통해 일반 시청자들에게 신호의 형태로 도달하는데 이러한 송출 업무를 하는 사람을 방송 송출 기사라고 한다. 방송 송출 기사는 방송국에서 프로그램을 송출하는 주조정실(MCR)과 송신소에서 근무하며 송출 장비를 조작·운용하여 시청자에게 방송 프로그램을 보낸다. 송신 장비의 관리를 담당하며 송신 설비를 최상의 상태로 유지하여 시청자와 청취자에게 선명한 화면과 깨끗한 음질을 제공하는 임무를 맡고 있다. 방송 송출 업무는 방송에서 가장 마지막 단계에 속하며, 방송국에서 송출 장치의 기계 조작을 통해 프로그램이 연속적으로 이어져 나갈 수 있도록 하는 매우 중요한 역할을 한다.

2. 방송 송출 기사가 하는 일

방송 송출 기사는 방송국의 기술팀 등에서 일하며 시청자와 청취자에게 선명한 화면과 깨끗한 음질을 제공하는 임무를 맡고 있다. 각종 제작 시스템을 운용해서 방송 프로그램이 연속적으로 송출(시청자 측면에서는 시청)될 수 있게 한다. 본격적으로 중계방송이 시작되기 전에 관련 장비를 설치하고 방송 전에 시험 가동하며, 편성된 프로그램 스케줄을 확인하고, 미리 준비된 프로그램 제작 테이프(혹은 데이터)를 실행시킨다. 최종적으로 송출 장비를 조작하여 프로그램을 송출한다. 송출한 후에는 모니터링을 통해 화면 떨림 등의 장애를 제거하는 등 방송의 품질을 감시하고 측정한다. 방송 사고에 대비하는 것도 큰일 중의 하나다. 만일 긴급 상황이 발생하면 요청에 따라 송출 장비를 조작하여 프로그램을 변경하여 송출한다.

3. 방송 송출 기사가 되는 방법 및 전망

방송 송출 기사가 되기 위해 필수적으로 요구되는 자격이나 학력은 없으나 송출 장치 등의 기계를 주로 다루므로 전자 공학, 통신 공학을 전공하면 업무 수행에 많은 도움이 된다. 보통 방송 통신 기사, 무선 설비 기사 등을 취득하면 현업에서 유리하다. 그리

고 통신이론 및 전송 시스템 등의 지식과 어학 능력을 갖추는 것이 업무에 도움이 된다. 대부분 대학에서 방송통신과 등을 전공하고 진출하고 있으나 학원, 동아리 활동 등을 통해 취업을 하는 경우도 많다. 입사 후에는 일정 기간 수습 기간을 통하여 방송 기술 분야에 관련된 제반 업무를 익히게 된다. 방송 기술 관련 직업들을 위한 국가기술자격으로 정보통신기술사, 통신설비기능장, 정보통신

기사, 정보통신산업기사, 무선설비기사, 무선설비산업기사, 무선설비기능사, 전파통신기사, 전파통신산업기사, 전파통신기능사, 전파전자기사, 전파전자산업기사, 전파전자기능사, 방송통신기사, 방송통신산업기사, 방송통신기능사, 통신기기기능사, 정보기기운용기능 등이 있다.

방송의 디지털화, 뉴미디어의 발달로 질 높은 방송 콘텐츠를 제공하는 데 필요한 고급 인력에 대한 수요는 확대되고 있으나, 방송 송출 장비의 자동화 추세로 일자리는 점점 줄어드는 추세이다.

08 분장사

1. 분장사란?

분장사는 배우들의 분장을 전문적으로 하는 사람을 말한다. 연극·영화·광고·방송 등의 분야에서 작품의 내용과 인물의 성격에 따라 알맞게 배우를 분장시키는 일을 한다. 대중 매체의 발달과 대중문화 수요의 증대로 인해 배우들을 돋보이게 하려는 욕구가 만들어 낸 직업이다.

2. 분장사가 하는 일

인물에 개성을 연출하고 아름다움을 극대화하기 위해 얼굴이나 머리 모양을 꾸미는

사람을 메이크업 아티스트라고 한다. 메이
크업 아티스트는 메이크업이 필요한 상
황, 장소, 얼굴형, 피부 톤, 의상 등을 고
려하여 자신이 맡은 인물의 아름다움을 끌
어낸다. 요즘은 배우나 모델뿐만 아니라 일반
인들도 면접, 오디션, 졸업 등 행사를 치를 때 메
이크업 아티스트의 힘을 빌린다.

분장사는 단순히 아름다움을 부각하기 위해서가 아니
라 인물, 작품 주제에 적합하게 메이크업을 한다. 대본에 나
타난 인물의 성격과 등장하는 시대, 장소 등을 분석하고 상황에
적합한 사진이나 문헌 등을 검토하여 분장 방법을 결정한다.

특수한 목적을 위해 사람의 생김새, 체격 등을 바꾸는 특수 분장사도 있다. 주로 공
포 영화 속의 귀신, 부상자, 외계인, 동물 형상 등으로 분장하기 위해 화학 물질을 이용
하여 배우의 얼굴이나 몸에 입체적인 분장을
하며, 가발, 수염, 물감 등을 이용하여 형태
를 진짜처럼 변형시켜 극의 사실감을 극대
화시킨다.

3. 분장사가 되는 방법 및 전망

분장사가 되려면 학교나 사설학원
에서 지식을 쌓거나 현장에서 전문 메
이크업 아티스트나 분장사의 보조원으로
활동하며 실무 경력을 쌓아야 한다. 미용고등
학교 및 전문계 고등학교의 미용 관련 학과, 전문 대학 및 대학교에
미용 관련 학과가 개설되어 있어 메이크업이나 미용과 관련된 다양한
분야의 이론과 실기 교육을 전문적으로 받을 수 있다. 현장에서는 화장
뿐만 아니라 미용사, 의상 코디네이터 역할도 함께 수행하는 경우가 많
기 때문에 다른 미용 분야를 함께 익혀 두면 일하는 데 유리하다. 분장사
는 기본적으로 특수 효과, 분장에 대해서 끊임없이 공부하고 시도하는 학
습을 통해서 성장할 수 있다. 최근 HDTV 보급, 디지털 방송의 확대
는 방송 출연진들의 메이크업과 분장에 보다 정교함을 요구하는

계기가 되었다. 최근 한류 열풍으로 중국이나 동남아시아 등지로 취업하는 사례도 늘고 있다. 특수 분장 역시 컴퓨터를 이용한 3D 프린트 기법이 도입되는 등 분야 자체가 발전하고 있어 이에 따른 전문 지식과 독창적인 능력을 보유할 수 있도록 노력이 뒤따라야 한다. 하지만 그만큼 과거 여성의 직업이라는 인식에서 남성의 진출이 커지고 있고, 대학교, 전문 대학, 특성화 고등학교, 학원 등 다양한 교육기관을 통해 체계적인 교육을 받고 진출하는 전문 인력도 매년 증가하고 있어 상당한 경쟁이 따를 것으로 보인다.

09

의상 코디네이터

1. 의상 코디네이터란?

의상 코디네이터는 방송이나 공연을 위하여 연예인의 성격, 분위기 및 출연 프로그램의 특성 등을 검토하여 의상을 중심으로 화장, 장신구 등을 조화롭게 연출시켜 주는 일을 한다. 말하자면 의상, 액세서리, 메이크업, 헤어스타일 등 모든 것을 종합 수행하는 패션 전문 컨설턴트에 가깝다. 방송가에서는 패션에 관한 가이드, 패션 아이템의 조화를 위해 일하는 사람으로 인식되어 '방송 스타일리스트'로 불리기도 한다.

2. 의상 코디네이터가 하는 일

의상 코디네이터는 캐릭터의 극 중 성격, 연예인의 분위기, 출연 프로그램의 특성 등을 검토, 분석하여 알맞은 의상, 장신구 등을 구입 또는 대여하고 때에 따라 협찬을 받거나 직접 제작하기도 한다. 패션 경향, 색채나 무늬, 재단, 봉제 등 다방면에서 관련 정보를 수집하고, 다양한 패션 상품을 제작하고 하나의 패션 이미지 조성을 염두에 두고 유행성을 설정한다. 방송 연출가, 해당 연예인의 의견을 참조하여 의상과 장신구를 선정하여 조화롭게 연출시킨다.

3. 의상 코디네이터가 되는 방법 및 전망

의상 코디네이터가 되기 위해서는 전문 대학 및 대학교에서 의상과, 의상(패션)디자인과 또는 (패션)코디네이션과 등에서 교육을 받은 후 프리랜서로 활동하거나 회사 소속으로 일할 수 있다. 의상 코디네이터라는 직업은 유행에 민감한 분야이므로 패션 동향의 흐름을 파악하고 분석할 수 있는 능력과 의상에 대한 이해력, 색채 감각, 독창적인 구성력과 기획력 등이 요구된다. 때에 따라서는 의류 업체와의 원만한 협의와 협상을 통해 연예인의 의상 협찬을 받아낼 수 있어야 하므로 낯가림 없이 잘 어울리는 사람, 분위기 및 유행에 민감하고, 순발력과 재치로 돌발 사태에 잘 대처하는 성격이면 유리하다. 관련 자격증으로는 한국산업인력공단에서 시행하는 컬러리스트산업기사, 패션머천다이징산업기사와 (사)한국직업연구진흥원에서 시행하는 패션스타일리스트(Fashion Stylist), 샵마스터(Shapmaster) 등이 있다.

방송의 다양화와 프로그램의 질적 향상으로 방송 출연자들의 의상이나 장신구에 대한 시청자들의 기대치는 점점 높아지고 있다. 따라서 의상 코디네이터(방송 스타일리스트)의 수요가 늘고 있는 것은 맞다. 하지만 의상 코디네이터의 수입은 불안정하며, 경력과 능력에 따라 천차만별이다. 따라서 일에 대한 열정이 없으면 견디기 힘든 직업이며, 자신이 맡은 연예인의 성공이 자신의 성공에 가깝다.

Interview

스타일리스트
한지현

Q 먼저 어떤 일을 하시는 분인지 소개 부탁드립니다.

저는 스타일리스팅 회사 〈크리스티앙〉에서 스타일리스트로 일하고 있는 한지현입니다. 스타일리스트 일을 한 지는 5년 됐고요. 지금 '채널A'의 시사보도 프로그램 스타일링을 담당하고 있습니다.

Q 스타일리스트들이 모여 만든 회사인가요??

네, 예전에는 코디네이터라고 불렀었죠. 오랫동안 방송 스타일리스트 일을 해 오신 대표님들이 만든 회사입니다. YTN, MBC 등 방송 프로그램에서 출연자들의 의상 콘셉트를 정하고, 의상을 준비하여 스타일링하는 일을 기본적으로 하고요. 정치인이나 기업인들의 스타일 관리도 맡아서 하고 있습니다. 그러니까 옷을 포함해 전체 콘셉트나 애티튜드까지 모든 이미지를 스타일링하는 회사입니다.

Q 그럼 한지현 씨는 구체적으로 어떤 일을 하시나요?

저는 시사보도 프로그램을 담당하기 때문에 매일 옷을 준비해야 합니다. 그래서 전날 세팅한 옷을 한 번 더 체크해서 방송국에 가져가 출연자분들에게 스타일링하고, 생방송이 끝나면 사무실로 돌아와서 다음날 방송을 위해 또 준비를 해야 해요. 1주일에

한 번 방송되는 프로그램보다 훨씬 바쁘게 돌아가지요. 속보나 특보가 갑자기 편성되기도 해서, 비상 상황이 생기기도 합니다. 프로그램의 성격에 따라 스타일리스트의 업무 분위기가 많이 좌우되는 것 같아요.

방송 전에는 출연자들의 체형에 따라 옷을 즉석해서 수선해야 할 일도 생기고요. 또 방송 중 오염 물질이 묻으면 즉시 처리를 해야 하기도 하고, 또 프로그램에 따라 옷을 만들어야 하기도 하는 등 변수가 많은 편입니다. 갑작스럽게 출연하는 분들도 계시기 때문에 여벌 옷도 항상 준비해 둬야 하고요.

Q 스타일리스트는 대부분 패션이나 디자인 쪽을 전공한 분들인가요?

저는 패션 디자인을 전공했어요. 그래서 옷의 구조나 소재 등 기본적인 것들을 이해하고 있어서 편하긴 해요. 그런데 꼭 전공자일 필요는 없어요. 비전공자분들이 훨씬 많으시고, 열정과 감각만 있으면 일을 하면서 배워나갈 수 있어요. 뭔가 좀 구체적으로 익힌 후 일을 하고 싶다면 학원에서 몇 개월 과정을 수강해도 되겠지요. 저는 학원은 다니지 않았어요. 그리고 패션스타일리스트 자격증도 있어요. 그걸 꼭 따야 되는 것은 아니고요. 자격증 공부하면서 기본 지식은 습득하게 되니까 아예 이 분야를 모르는 분이라면 기초 지식을 얻는다는 의미에서 도움은 될 것 같아요.

> 제 스스로 **자신감을 갖고 대해야 출연자들도 저를 믿고 스타일링을 맡길 수** 있어요.
> 저도 이런 상황을 극복하기까지는 시간이 좀 걸렸습니다.

Q 이 회사에 지원했을 때 경쟁자들이 많았을 텐데요. 왜 뽑히신 것 같아요?

제가 포트폴리오를 정말 열심히 만들었거든요. 그리고 진심으로 꼭 해 보고 싶다고 열의를 보였는데 그 마음을 알아주신 것 같아요. 저는 정말 딱 한번, 처음이자 마지막으로 이곳에 면접보고 안 되면 대학원에서 더 공부를 하려고 생각하고 있었어요. 그 절박함이 보였나 봐요.

Q 어릴 때부터 옷을 좋아하셨나요? 언제부터 스타일리스트를 꿈꾸게 됐어요?

부모님이 다 이쪽 일을 하세요. 엄마는 재단사이시고, 아빠는 양복을 만드시거든요. 그래서 어릴 때부터 옷 속에서 자랐어요. 또 옷이 저의 놀이이기도 했고요. 예를 들어서 옷을 만들 때 뒤집는 과정이 있거든요. 그러면 한 벌당 십 원씩 해서 엄마 일을 돕기도 했고, 남는 천을 가지고 거울을 보면서 여기저기 몸에 걸치고 꾸미기하면서 놀기도 했어요. 어느 날 우연히 TV를 보는데 스타일리스트란 직업을 알게 됐고 꿈을 가지게 됐지요. 그때부터 잡지 정기 구독을 신청하고, 패션 스타일리스트나 디자이너들이 쓴 자서전, 화보집은 다 샀어요. 스크랩도 꾸준히 하고요. 그러니까 저는 어릴 때부터 준비해 오던, 꿈꾸던 일을 하고 있는 거예요.

Q 사람을 보면 어울리는 옷이 떠오르시나요?

이론적으로는 이런 턱을 가지신 분, 이런 바디라인에는 이런 스타일이 좋다고 정해져 있긴 하지만 실제로 사람이 옷을 입으면 이론에 딱 맞아 떨어지지 않아요. 왜냐면 성격이나 행동 패턴에도 스타일이 크게 영향을 받거든요. 그래서 그 사람의 외모뿐 아니라 전체적 성향과 내면을 어느 정도 이

해해야 만 어울리는 옷 스타일을 찾을 수 있어요. 스타일리스트는 단순히 옷을 입혀주는 일뿐 아니라 대상자와의 관계 형성, 대상자의 전체 분위기를 만드는 일까지 다 포괄하는 작업이라고 할 수 있어요. 대상자를 제대로 이해 못하면 제대로 된 스타일링을 할 수가 없는 거죠.

Q 스타일리스트의 옷장은 어떨지 궁금해요. 옷을 많이 사시겠죠?

옷 욕심이 많은 것 같진 않아요. 막상 제가 입는 옷은 한정적이고 비슷한 분위기거든요. 그런데, 지나가다가 예쁜 것을 보면 계속 사 모으긴 해요. 일하면서 이런 소품들이 요긴하게 쓰이더라고요. 박스에 담아서 자주 정리하고 있어요.

Q 부모님들은 따님이 직업을 이어 패션 디자인 쪽 일을 하는 것을 좋아하셨나요?

처음에는 부모님이 너무너무 싫어하셨어요. 대학 전공을 패션디자인과로 가는 것조차도 반대하셨어요. 왜냐면 저희 엄마 아빠 세대는 못 배운 사람들이 이런 일을 한다고 생각을 하셨거든요. '사'자까지는 아니더라도, 모든 사람들이 선망하는 더 좋은 직업을 가지길 바라신 거죠. 과외도 시키고 뒷바라지 열심히 했는데, 당신들이 평생 해 오던 일을 제가 또 하겠다고 하니까 완강하게 반대하셨어요.

제가 계속 고집을 부리니까 '그럼 패션디자인과를 다니다가 다른 과로 전과를 해도 된다.' 이렇게 한

발 양보하셨어요. 그런데 부모님들의 바람과는 달리 저는 정말 즐겁게 대학 공부를 했고 졸업 후에 바로 스타일리스트로 일하게 되니까 부모님도 이젠 포기하신 거 같아요. 아니 포기했다기보다는, 대견해 하시는 것 같아요. 제가 처음 이곳에 입사해서 스타일링한 옷이 방송에 나갈 때 가족들이 다 같이 TV를 봤거든요. 스크롤에 회사 이름이 나오는데 부모님도 그걸 보고 엄청 좋아하시더라고요.

일하면서 힘든 점은 어떤 것들이었나요?

특보가 생기거나, 갑자기 출연하게 되는 분들이 있어요. 이럴 땐 급하게 오시느라 정말 머리도 안 감고 운동복 차림으로 뛰어오시기도 하고 그러는데, 당황스럽긴 하지만 저희가 일을 잘 처리하면 되니까 이런 비상 상황은 차라리 괜찮아요. 그런데 가끔 좀 예민한 분들이 계세요. 옷을 입히고, 체형에 따라 옷을 매만지고 해야 해서 신체적 접촉이 생길 수밖에 없는데 낯선 사람 손이 닿는 걸 싫어하는 분들도 있고, 옷이 마음에 안 든다고 하시는 분들도 있거든요.

처음엔 그게 힘들더라고요. 혹시 나를 싫어하나? 이런 생각이 드니까 힘들었는데, 좀 지나고 보니, 그건 그냥 그날 옷이 마음에 안 든 것이고, 처음이라 낯설어서 그런 것이더라고요. 지금은 그런 상황이 생기면 '음, 예민하신 분이구나', '내가 가져온 옷이 취향에 안 맞나 보다' 이렇게 쉽게 생각해요. 많은 사람을 만나서, 빠른 시간 안에 신뢰감을 쌓아야 하는 일이잖아요.

제 스스로 자신감을 갖고 대해야지 출연자들도 저를 믿고 스타일링을 맡길 수 있어요. 저도 이런 상황을 극복하기까지는 시간이 좀 걸렸습니다. 앞으로 더 많은 경험과 지혜가 필요하겠지요.

앞으로 스타일리스트의 전망은 어떨까요?

개인적으로 활동하는 스타일리스트보다는 우리 회사처럼 옷부터 행동, 콘셉트까지 전체적 스타일링을 하는 쪽이 전망이 있다고들 해요. 어떤 형태로든 앞으로는 더더욱 각자의 개성이 자유롭게 표현되고 중요하게 여겨지는 시대가 될 테니 이쪽 분야는 더 활성화될 것으로 기대합니다.

스타일리스트에 관심 있는 친구들에게 해주고 싶은 이야기가 있다면요?

최대한 많이 보는 것이 제일 좋은 공부예요. 화보가 비싸서 부담스럽다면 TV를 봐도 좋아요. 그냥 시청자로서 웃고 넘기지 말고, 누가 무슨 옷을 어떻게 입었는지, 저 옷에 어떤 구두를 신었고, 헤어 컬러는 어떻게 매치했는지 이런 것들을 눈여겨보세요. 그렇게 보는 연습을 한 달 두 달 하다 보면 자신도 모르게 감각이 좋아질 거예요.

그리고 하고 싶은 일이 있다면 도전하세요. 저도 부모님을 설득해서 이 일을 하고 있잖아요. 만약 부모님이 원하는 대로 공무원 시험을 준비했다면 너무 억울하고 우울했을 거 같아요. 도전해 보고 정 아니면 돌아가서 새로 출발하면 되잖아요. 이게 나한테 맞는지 안 맞는지, 좋은 길인지 아닌지 가 보고 부딪혀 봐야 아는데, 가 보지도 않고 주변 이야기만 듣고 판단할 필요는 없는 것 같아요. 저처럼 용기내서 도전해 보시길 바랍니다.

그리고 겉모습만 보고 이 일을 재미있는 일, 또는 화려한 일이라고 생각하지 않았으면 좋겠어요. 어떤 직업이든 좋은 일만 있을 수는 없거든요. 요즘 친구들은 조금만 힘이 들어도 그만두는 경우가 많은데, 빨리 포기하지 않았으면 좋겠어요. 더 견뎌 보고 더 기다리고 더 노력하면, 일에서 또 다른 기쁨과 보람이 느껴지기도 하더라고요. 저처럼 옷을 좋아하는 친구들을 더 많이 만나게 되길 기대하겠습니다.

10
연예인 매니저

1. 연예인 매니저란?

매니지먼트(management)란 기업이 목적을 달성하기 위하여 영위하는 활동 중 하나로 상품 생산 활동을 계획·통제하는 행위를 말한다. 따라서 상품이 사람에 해당할 경우, 이 사람을 계획적으로 활용하고 통제해서 가치를 높이는 것을 의미한다.

연예인 매니저는 결국 이런 의도에 따라 연예인의 일정을 계획하고 관리하는 일을 한다. 또 신인 연예인을 발굴하고, 스타로 키우는 일도 한다. 이들은 프리랜서도 있으나, 대부분 매니지먼트 회사에 소속되어 일한다. 과거에는 주로 연예인의 부모, 형제, 친척 등이 매니저 역할을 했으나, 엔터테인먼트 산업이 성장하고 고도의 전문성이 요구되면서 대부분은 전문 매니저가 그 역할을 하고 있다. 담당 업무에 따라 제작 매니저, 치프 매니저(chief manager), 로드 매니저(road manager) 등으로 구분된다.

2. 연예인 매니저가 하는 일

연예인 매니저는 가수, 탤런트, 영화배우, 개그맨 등 연예인의 손과 발이 되어 모든 일을 도와주며 늘 함께 한다. 방송 스케줄을 조절하고, 이미지를 관리한다. 방송 외의 광고나 행사, 콘서트, 인터뷰, 팬클럽 관리 등 다양한 활동을 한다. 방송국과 연예인의 출연 일정 및 출연료 등을 협의하고, 계약 업무를 대리한다. 방송이나 공연의 특성에 따라 적합한 의상을 준비하고 극 중 인물의 성격을 효과적으로 표현하기 위하여 언어, 연기 등을 협의하기도 하며, 지방이나 해외 공연이 있으면 그에 따른 여행 일정과 교통, 숙박 등에 관련된 세부적인 일정을 세우고 혹시 있을지 모를 안전사고에 대비한다.

연예인 매니저는 업무에 따라 제작 매니저, 로드 매니저(road manager), 치프 매니저(chief manager) 등으로 나뉘며, 이 밖에 캐스팅 매니저라고 하여 신인 가수나 신인 연기자 발굴만을 전문적으로 담당하는 매니저가 있는 회사도 있다. 로드 매니저는 연예인과 동행하여 연예인을 뒷바라지하는 사람이다. 로드 매니저로 현장 경험을 쌓은 뒤 치프 매니저로 올라선다.

❶ **제작 매니저:** 연예인의 출연과 계약을 책임지고 경제적 지원을 하는 매니저로 주로 연예기획사의 대표인 경우가 많다. 연예인의 활동 방향을 세우는 등 매니지먼트의 총 책임자 역할을 한다. 그 밖에 연예인에게 불리한 소문을 막고 초상권 침해, 명예 훼손, 계약 파기 등 법적 처리도 한다. 이렇듯 연예인을 관리하고 이미지를 만들어가는 일 외에 새로운 연예인을 발굴하는 역할(캐스팅 매니저)을 하기도 한다.

❷ **치프 매니저:** 스케줄 매니저라고도 한다. 사무실에서 홍보와 섭외 및 스케줄 관리, 마케팅 전략 등을 담당한다. 연예기회사에서 우리가 흔히 아는 실장 또는 팀장이 치프 매니저의 역

할을 한다. 연예인에게 방송 프로그램, 행사, 공연, 광고 등의 섭외가 들어오면, 기존 출연료, 연예인의 이미지, 스케줄 등을 고려하여 출연료를 협상하고 계약을 진행한다. 또한, 연예인을 각 방송사와 매체 등에 홍보하는 일도 한다. 기획사에서는 대개 한 명의 치프 매니저가 여러 명의 로드 매니저와 한 팀을 이뤄 일하기 때문에 여러 연예인의 스케줄을 관리하게 된다.

❸ 로드 매니저: 현장 매니저라고도 불리며, 담당 연예인이 스케줄을 차질 없이 수행할 수 있도록 운전, 경호, 잔심부름 등의 일을 한다. 매니저라면 누구나 거쳐야 하는 일종의 수습 기간으로 볼 수 있는데, 노동 강도가 세고 보수가 적어 이 기간을 견디지 못하고 일을 그만두는 경우가 많다.

매니저들의 근무 환경은 일반적으로 출퇴근 시간이나 공휴일이 정해져 있는 것이 아니라, 담당하는 연예인의 스케줄에 맞춰 일하게 되기 때문에 체력 소모가 극심하다. 특히 로드 매니저의 경우 연예인과 늘 함께 다니기 때문에 연예인의 스케줄에 따라 식사, 수면 시간, 휴일 등이 일정치 않은 등 생활이 불규칙한 편이며, 행사 일정이 많으면 거의 대부분의 시간을 길과 차에서 보낸다.

3. 연예인 매니저가 되는 방법 및 전망

개성이 뚜렷하고 자존심이 강한 연예인을 상대로 일하며, 방송국의 책임자들과 소통해야 할 경우가 많기 때문에 정말로 원활한 대인 관계 능력과 의사소통 능력을 갖추어야 하며, 성격이 쾌활하고 적극적이며 긍정적인 사람에게 유리하다. 성실함, 인내심, 끈기가 있어야 하며, 강인한 체력도 필요하다. 일정을 관리하고 만일의 일에 대비해야 하므로 남다른 꼼꼼함이 필요하며, 여러 가지 변수에 대응해서 펼칠 협상 능력도 중요하다.

❶ **교육 및 훈련:** 연예인 매니저 관련 교육 기관은 대학의 연예매니지먼트과와 매니저를 양성하는 사설 교육기관 등이 있다. 대학에서는 연예인을 발굴하고, 양성·관리하는 시스템, 홍보·기획 등 매니지먼트에 대한 기초와 드라마 제작 과정, 음반 제작 과정, 영화 제작 과정 등 주로 실무 중심의 교육을 한다. 그러나 연예인 매니저가 되기 위해서는 무엇보다 현장 경험이 중요하기 때문에 기획사에 취업하여 실무를 익히고 필요한 지식과 능력을 갖추는 것이 가장 좋다.

❷ **취업 및 경력 개발:** 연예인 매니저의 경우 보통 기획사에서 인력이 필요할 때마다 채용 공고를 내며, 채용 시 서류 전형과 면접을 통하여 매니저로서의 자질을 평가한다. 체력을 비롯해 운전 능력, 성실성 등을 평가하며, 무엇보다 매니저 일에 열정을 가지고 있는지를 중요하게 여긴다. 이 외에 관련 교육기관의 추천이나 강사진의 인맥 등을 통해 매니저로 진출하기도 한다. 채용이 되면 일정 수습 기간을 거쳐 로드 매니저로 출발하여 3~5년 정도(큰 기획사는 10년)의 경력을 쌓으면 팀장급인 치프 매니저가 된다. 그 후 업무 경험과 인적 관계 등을 바탕으로 자신이 맡았던 연예인의 지원을 얻어 기획사를 직접 차려 운영하는 경우도 있다.

방송 산업, 엔터테인먼트 산업 전반이 활기를 띠고 있다. 이것은 방송, 영화, 공연 등 엔터테인먼트 산업의 성장 및 연예계 종사 인력 증가를 뜻한다. 따라서 방송 출연을 위한 연예인 간 경쟁이 치열해지면서 연예인의 이미지를 체계적으로 관리하고 출연료 협상과 계약 등에 전문성을 갖춘 인력이 중요해지고 있는 것은 사실이다.

과거 방송사의 공채 등을 거쳐 스타로 성장하는 경우는 이제 거의 없으며, 철저한 매니지먼트사의 기획에 의해 발굴되고 체계적인 훈련을 거쳐 하나의 상품으로 세상에 선보이는 경우가 대부분이다. 즉, 연예 매니지먼트의 중요성이 더욱 부각되고 있는 것이다. 다만, 아쉬운 점은 연예인 매니저의 근무 환경이나 보수가 엔터테인먼트 산업의 성장세에 비해 아직은 열악하며, 근무 강도가 높아서 중도에 일을 포기하는 사람이 많다는 사실이다.

먼저 어떤 일을 하시는지 소개 부탁드립니다.

저는 엔터테인먼트 산업에 종사하고 있는 BH엔터테인먼트 대표 손석우입니다. 현재 이병헌 씨, 한효주 씨, 한가인 씨 등 18명의 연예인, 25여 명의 직원들과 함께 일하고 있고요. 매니지먼트 일을 한 지 18년 정도 됐습니다.

매니지먼트란 직업은 정확히 어떤 일을 하는지요?

기본적으로는 연예인, 배우, 가수, MC, 개그맨 등 연예인이라는 직종을 콘텐츠로 해서 기획하고 개발, 관리, 마케팅하는 직업이라고 정의할 수 있습니다.

회사 안에서 역할 배분은 어떻게 하나요?

처음 매니지먼트 일을 시작하면 5~6년 차 정도까지는 현장 관리를 하게 됩니다. 보통 '로드 매니저'라고 부르는데 정식 명칭은 '현장 매니저'입니다. 배우의 스케줄 관리부터 현장에서 일어나는 대부분 일을 조율하지요. 5년 정도 현장 일을 한 후에는 팀장 직급이 됩니다. 팀장의 직급은 축구의 미드필드 역할이라 할 수 있는데요. 현장도 케어하고 언론사와의 인터뷰 등 대외적 마케팅, 자품 영업 업무와 기획도 배우기 시작합니다. 그리고 실장이 되면 배우

들의 개런티를 조율하거나 배우의 전체적 방향성을 조정하고 신인들을 영입하는 등 중추적 역할을 합니다. 실장이 되기까지 보통 10여 년 정도 걸립니다.

너무너무 바빠 보이시는데, 하루를 어떻게 보내고 계시는지요?

이곳도 일반 회사처럼 출퇴근 시간이 있습니다. 9시 30분 출근, 6시 30분 퇴근이라고 정해져 있지만, 촬영 현장 업무를 담당하는 경우 야근이 많지요. 저는 기획, 영업 파트를 맡고 있기 때문에 주로 사람을 만나거나 회의를 하고, 배우들의 영화 시나리오를 검토하는 일을 합니다. 우리 회사로 들어오는 대본량이 1년에 400~500권입니다. 평균적으로 3일에 2권을 읽어 내야 하는 거죠. 이 중에서 어떤 작품에 참여하면 좋을지를 잘 선별해 내야 하니까 대충 읽을 수도 없어요.

주말 동안에도 대본과 책 읽는데 시간을 거의 소요합니다. 대본의 원작과 다큐멘터리 등도 봐야 하기 때문에 계속 시간 싸움을 해야 해요. 이렇게 해서 작품을 선정하면 수개월에 걸쳐 촬영을 잘 할 수 있도록 돕고, 마케팅 활동에서 배우와 캐릭터의 성격이 잘 맞물리도록 방향을 설정해 관리합니다. 같은 매니지먼트 회사지만 음반을 내는 기획사는 저희랑 일하는 내용과 방식이 완전히 다릅니다. 아이돌이 워낙 강세인 상황이라 대부분의 회사들은 팀 단위로 음반과 활동을 준비

> 문화계에 **관심과 꿈을 가진 젊은 분들이
> 더 많이 이 문을 두드려 줬으면** 좋겠어요.

하고 오디션을 통해 준비생들을 육성하는 데 전력을 기울이지요.

Q 보통 기업에 비하면 승진이 굉장히 빠른 편인 것 같은데요?

속도가 빠르긴 하지만, 그게 꼭 좋은 것만은 아닙니다. 그만큼 감당해야 할 업무를 빨리 습득해야 하기 때문에 그걸 해내지 못하면 중간에 도태되고 맙니다. 살아남는 자와 그렇지 못한 자가 다른 직종에 비해 빨리 결정되는 거죠. 이것은 또 장점이 될 수도 있어요. 대기업일수록 자신의 담당 업무의 폭이 좁잖아요. 그런데 이 일은 대부분 종업원 수 50명 미만의 소규모 중소기업이기 때문에 개인의 능력에 따라 다양한 업무를 해볼 기회가 주어집니다. 관리직, 영업, 마케팅, 기획까지 대기업에서 몇십 명이 해야 할 일을 혼자 해내면서 빨리 일을 배우고 성장할 수 있는 거죠.

영업하면서 관계 형성의 노하우를 배우고, 기획하면서 시장에 대한 통찰력과 프레젠테이션 능력을 배우게 되지요. 이 중 어떤 부분이 약하면 더 이상 성장하지 못하고 도태됩니다. 들어오긴 쉬워도 버티긴 어려운 직업이죠. 그래서 안정적인 일을 원하고 소극적으로 일하는 사람에겐 맞지 않는 직업입니다. 호기심도 많고 대중문화를 폭넓게 바라볼 수 있고 무엇보다 열정이 있어야 할 수 있는 일이예요.

Q 처음 일을 시작할 때 근무 조건이 열악하다는 얘기가 있던데, 어떤가요?

안타깝지만 사실 그렇습니다. 원인이 몇 가지 있는데요. 일단은 수요에 비해 공급이 많아요. 매니저를 하고 싶어 하는 사람이 많다는 거죠. 그리고 대부분의 매니지먼트 회사가 기반이 약해요. 회사 사정이 좋지 않으니 초봉과 직원 복지가 약합니다. 제가 처음 이 일을 시작할 때 우리나라 노동법상 최저 임금에도 못 미치는 월급을 받으며 일을 했는데, 근 20년이 지난 지금도 상황이 크게 달라지진 않았습니다. 또 이 직업이 밖에서 보면 화려하지만 막상 부딪혀 보면 금방 환상이 깨지거든요. 그러니까 오래 버티는 사람이 많지 않은 거죠.

Q 대표님은 어떻게 이 일을 시작하게 되셨나요?

저는 은행원이었어요. 6년 차쯤 됐을 때 IMF가 터져서 제가 다니던 은행이 갑자기 문을 닫게 됐어요. 잘린 거죠. 그런데 저는 잘려서 좋았어요. 부모님이 좋아하시던 직장이라 자의로 그만두기 힘들었는데, 아주 확실한 명분을 갖고 그만두게 된 거예요. 제가 음악을 엄청 좋아했거든요. 앨범 리뷰나 칼럼을 기고하며 지내다가 음반 기획자가 되고 싶어서 매니지먼트사에 처음으로 발을 딛게 됐어요. 그렇게 일을 시작했는데, 저는 재미있었어요. 매일 다른 사람을 만나고 새로운 경험을 하고 허드렛일을 해도 즐거웠어요. 다만 매니지먼트 회사들이 제대로 된 체계를 갖고 있지 못하고 주먹구구식으로 운영되는 점들을 보면서 제대로 된 회사와 조직을 만들어 보고 싶었고, 이병헌 씨와 뜻이 맞아 회사를 창업해 지금까지 오게 된 겁니다.

Q 이 일에 도전하고 싶은 청소년들이 많을 텐데, 어떻게 시작하면 되나요?

방법은 딱 하나입니다. 문을 두드리면 됩니다. YG나 SM 같은 기획사는 웬만한 대기업보다 더 인기가 있죠? 거기도 들어가는 방법은 딱 하나입니다. 찾아가면 됩니다. 이 일은 학벌이 중요하지 않아요. "그럼 아무나 들어갈 수 있나요?" 아무나 들어올 순 있겠지만 견디기는 쉽지 않습니다. 이곳에서도 좋

은 자원을 가진 인력만이 살아남을 수 있어요. 좋은 자원이란 흔히 말하는 스펙이 아닙니다. 그동안 쌓여온 인문학적인 베이스, 문화적 지식, 사람에 대한 배려와 이해… 이런 것을 갖춘 사람을 말합니다.

지금 우리 엔터테인먼트 산업은 급격히 성숙해지며 또 한 번의 '탈피'를 하는 과정에 있습니다. 체계적인 조직과 탄탄한 기본을 갖춘 회사로 성장하려고 하고 있어요. 안타깝게도 사드 배치 문제로 중국 자본이 차단되면서, 그 가속도에 큰 타격을 받긴 했지만 머지않아 더 멋진 날개를 갖게 될 거라 믿어요. 그래서 문화계에 관심과 꿈을 가진 젊은 분들이 더 많이 이 문을 두드려 줬으면 좋겠어요.

Q 앞으로 이 일은 세계 시장으로 더 확대되겠지요?

그럼요. 지금까지는 글로벌화를 위한 시스템을 구축하는 기간이었다고 할 수 있어요. 아직까진 시행착오 중이지만, 이제 곧 전 세계로 뻗어나갈 기회가 올 거라고 예상합니다. 앞으로 10년 사이에 매체와 유통 경로 모든 것이 급격히 변할 겁니다. 변화된 환경에 맞게 산업을 이끌어 갈 새로운 인재도 필요하구요. 저는 젊은 분들이 청춘을 월급과 바꾸려 하지 않았으면 좋겠어요. 월급과 바꾸는 순간 꿈은 사라지거든요. 월급의 노예가 되지 마세요. 사회가 정해 놓은 스펙이 아니어도 세상은 넓고 할 일은 많습니다. 자기 마음속에 있는 호기심을 버리지 말고 용기를 내서 도전해 보세요. 곧 졸업장이나 토플 점수보다 인격과 자기의 진짜

지식으로 평가받을 수 있는 시대가 올 것입니다.

Q 대표님과 이병헌 씨의 돈독한 관계는 업계에서 유명하던데, 연예인과 소속사의 갈등은 종종 뉴스에서도 볼 수 있을 만큼 흔하잖아요. 대표님은 어떻게 소속 연예인들과 관계를 이렇게 형성할 수 있었을까요?

일단 이권을 떠나서 우리 배우가 잘 되길 바라는 순수한 마음으로 성심껏 지원했어요. 저는 그걸 '부모의 마음'이라고 말하는데요. 매니지먼트에 진정성이 있어야 하는 거죠. 배우도 마찬가지예요. 나를 이용하려고만 하지 않고 파트너로 인정하고 같이 가려는 신뢰감을 가져야 해요. 그게 서로 맞으면 서로 믿고 존경하는 진짜 파트너가 되는 거예요. 그렇게 되기 위해서 우선되어야 할 일은 욕심을 버리는 일입니다.

중국에 〈계영배〉라는 잔이 있어요. 많이 따르면 다 흘러버리게끔 만들어진 잔이에요. 욕심을 부리다간 모두 잃는다. 즉, 과욕을 버리라는 뜻으로 만든 거죠. 이걸 보는 순간 뭔가 머리를 탁 치는 느낌이 들었어요. 사람과의 관계에서, 비즈니스에서 가장 기본이 되어야 할 철학은 개발과 양보입니다. 바로 이거다! 하고 100%를 향해 맹렬하게 돌진하다 보면 욕심이 자꾸 생기기 마련입니다. 그런데 내가 조금은 손해 본다고 생각하고 일을 하면 사람도 떠나지 않고, 크게 손해 보는 일도 없이 더 튼튼하게, 깊게 뿌리를 내릴 수 있더라고요. 지금 이렇게 회사가 뿌리내릴 수 있도록 믿어 주고 함께 걸어온 식구들한테 진심으로 감사해요.

Broadcast

도움 받을 수 있는 곳

1 대학 및 아카데미

- 방송미디어학 전공: 나사렛대학교
- 신문방송학부: 중앙대학교
- 신문방송학 전공: 동국대, 서강대, 한세대
- 언론 전공: 한림대
- 언론정보문화학부: 한동대
- 언론정보 전공: 중앙대
- 언론정보학과: 경희대, 서울대, 수원대, 영남대, 충남대
- 언론정보학부: 경희대, 국민대, 숙명여대, 한국외대, 한림대
- 언론정보학 전공: 이화여대, 인하대
- 언론정치학부: 인제대
- 언론학과: 한북대
- 언론학 전공: 국민대
- 언론홍보학과: 제주대
- 신문방송학과: 강원대, 건국대, 경남대, 경북대, 경성대, 광주대, 대구대, 대진대, 동아대, 동의대, 부경대, 부산대, 성공회대, 성균관대, 세종대, 순천향대, 안양대, 연세대, 영산대, 인제대, 인천대, 전남대, 전북대, 조선대, 중부대, 창원대, 청주대, 한서대, 호남대 등
- KBS 아카데미 www.kbsacademy.co.kr
- MBC 아카데미 mbc.ac.kr
- 한국방송예술교육진흥원 www.kbatv.org

2 정부 및 공공 기관

- 방송통신위원회 www.kcc.go.kr
- 방송통신심의위원회 www.kocsc.or.kr
- 정보통신산업진흥원 www.nipa.kr
- 한국교육개발원 www.kedi.re.kr
- 한국콘텐츠진흥원 www.kocca.kr

3 기타 단체 및 조직

- 한국방송협회 www.radiotv.or.kr
- 한국언론진흥재단 www.kpf.or.kr
- 한국신문협회 www.presskorea.or.kr
- 한국기자협회 www.journalist.or.kr
- 한국편집기자협회 www.edit.or.kr
- 한국인터넷기자협회 www.kija.org
- 한국사진기자협회 www.kppa.or.kr
- 방송통신위원회 www.kcc.go.kr
- 한국PD연합회 www.kpda.co
- (사)독립제작사협회 www.kipa21.com
- 서울연극협회 www.stheater.or.kr
- 영화진흥위원회 www.kofic.or.kr
- 방송통신위원회 www.kcc.go.kr
- KBS 아나운서 office.kbs.co.kr/announcer

- MBC 아나운서 ann.imbc.com
- SBS 아나운서 ann.sbs.co.kr
- 한국문화예술위원회 www.arko.or.kr
- (사)한국문인협회 www.ikwa.org
- (사)한국방송 작가협회 www.ktrwa.or.kr
- (사)한국희곡작가협회 www.kpw.or.kr
- (사)한국시나리오작가협회 www.scenario.or.kr
- KBS 구성 작가협의회 www.kbswriter.com
- MBC 구성 작가협의회 www.mbcwriter.com
- SBS 구성 작가협의회 www.sbswriter.com
- 영상시나리오작가협회 www.scenario.or.kr
- 한국방송카메라 감독연합회 www.tvcam.or.kr
- 한국방송기술인연합회 www.kobeta.com
- EBS기술인협회 www.ebsbeta.com
- KBS방송기술인협회 www.kbsbeta.or.kr
- 아리랑국제방송방송기술인협회 www.arirangtvtech.com
- SBS방송기술인협회 sbseng.sbs.co.kr
- YTN방송기술인협회 www.ytnbeta.com
- 한국메이크업협회 www.kmakeup.co.kr
- (사)한국분장예술인협회 www.kmaa.or.kr
- (사)한국메이크업 전문가협회 www.promakeup.or.kr
- 한국패션협회 www.koreafashion.org
- 무대예술전문인협회 무대분과 www.stageartist.org
- 한국연예예술인협회 www.keas.kr
- 한국연예제작자협회 www.kepa.net
- 한국연예매니지먼트협회 www.cema.or.kr
- MBC성우극회 cafe.naver.com/mbcvoiceactor
- KBS성우극회 www.kbsvoice.net
- 한국성우협회 www.kvpa.kr
- 한국방송광고진흥공사 www.kobaco.co.kr
- 한국광고총연합회 www.kfaa.org
- 한국광고산업협회 www.kaaa.co.kr
- 한국PR기업협회 www.kprca.or.kr

Broadcast

관련 용어

1. 방송 사업자 분류

지상파 방송 사업자

방송을 목적으로 하는 지상의 무선국을 관리 · 운영하며 이를 이용하여 방송을 행하는 사업자로 지상파 방송 사업자에는 TV와 라디오를 동시에 운영하는 사업자(KBS, MBC와 지역 MBC, EBS, SBS를 포함한 지역 민방 사업자), 라디오 방송사업자(경기방송, 경인방송, 영어라디오방송, 교통방송, 종교방송 등), 지상파 DMB 사업자 등이 포함된다.

① 중앙: 한국방송공사, 한국교육방송공사, ㈜문화방송, ㈜ SBS
② 지역MBC: 부산문화방송㈜, 대구문화방송㈜, 광주문화방송㈜, 대전문화방송㈜, 전주문화방송㈜, ㈜MBC경남, 춘천문화방송㈜, 청주문화방송㈜, 제주문화방송㈜, 울산문화방송㈜, 목포문화방송㈜, 여수문화방송㈜, 안동문화방송㈜, 원주문화방송㈜, 충주문화방송㈜, 삼척문화방송㈜ (현 강원영동문화방송㈜), 포항문화방송㈜, 강릉문화방송㈜ (현 강원영동문화방송㈜)
③ 민방: ㈜KNN, ㈜대구방송, ㈜광주방송, ㈜대전방송, ㈜울산방송, ㈜전주방송, ㈜청주방송, ㈜G1, ㈜제주방송, OBS 경인TV㈜
④ 지역라디오방송: ㈜경인방송, ㈜경기방송
⑤ 종교방송: (재)CBS, (재)평화방송, (재)불교방송, (재)원음방송, (재)극동방송
⑥ 교통방송: 서울시교통방송, 도로교통공단
⑦ 영어방송: (재)국제방송교류재단, (재)광주영어방송재단, (재)부산영어방송재단
⑧ 보도전문: ㈜와이티엔라디오
⑨ 국악전문: (재)국악방송
⑩ 공동체라디오: (사)관악공동체라디오, (사)마포공동체라디오, (사)문화복지미디어연대, (사)성서공동체에프엠, (사)영주에프엠방송, (사)광주시민방송, (사)금강에프엠방송

지상파 이동 멀티미디어 방송(DMB)

이동 중 수신을 주목적으로 다채널을 이용하여 텔레비전 방송 · 라디오 방송과 데이터 방송을 지상파 방송사의 송신소와 중계망을 이용하여 복합적으로 송신하는 방송으로 무료로 지상파 방송을 실시간으로 시청할 수 있다. 19개 DMB 사업자에는 KBS, MBC, SBS의 DMB 방송사, 지역 지상파 방송사의 DMB 방송사(13개사), YTN DMB, 한국DMB, 유원미디어가 포함된다.

유선 방송 사업자

유선 방송국 설비를 관리 · 운영하며 전송 · 선로 설비를 이용하여 방송을 행하는 사업자를 말한다.

① 종합 유선 방송 사업자(SO): 종합 유선 방송국(다채널 방송을 행하기 위한 유선 방송국 설비와 그 종사자의 총체)을 관리 · 운영하며 지상파 방송 외에 다양한 분야의 기본 채널 이외에 유료 채널을 별도로 제공하는 방송 사업자를 말

한다.
② 복수 종합 유선 방송 사업자(MSO): 복수의 종합 유선 방송 사업자가 제휴 또는 합병으로 하나의 법인이나 계열사로 묶어진 종합 유선 방송 사업자로 티브로드, CJ헬로비전, C&M, 현대HCN, CMB 계열 등의 종합 유선 방송 사업자들이 여기에 속한다.
③ 중계 유선 방송 사업자(RO): 지상파 방송 또는 한국방송공사와 특별법에 의하여 설립된 방송 사업자가 행하는 위성방송이나 대통령령이 정하는 방송을 수신하여 중계송신(방송편성을 변경하지 아니하는 녹음 · 녹화를 포함)하는 것을 말한다.

위성 방송 사업자

인공위성의 무선 설비를 소유 또는 임차하여 무선국을 관리 · 운영하며 이를 이용하여 방송을 행하는 사업자를 말한다.

① 위성 방송 사업자: 위성 방송 사업자로는 ㈜케이티스카이라이프(KT SkyLife)가 있다.
② 위성 이동 멀티미디어 방송(DMB) 사업자: 이동 중 수신을 주목적으로 다채널을 이용하여 텔레비전 방송 · 라디오 방송과 데이터 방송을 위성으로부터 복합적으로 송신하는 방송으로 지상파 방송을 실시간으로 제공하지는 않는다.

방송 채널 사용 사업자

지상파 방송 사업자, 종합 유선 방송 사업자 또는 위성 방송 사업자와 특정 채널의 전부 또는 일부 시간에 대한 전용 사용 계약을 체결하여 그 채널을 사용하는 사업자를 말한다.

① 홈쇼핑: 홈쇼핑
② 보도전문: 종합보도
③ 종합편성: 보도 · 오락 · 교양 등 다양한 장르의 프로그램을 편성
④ 공공정보: 공공채널, 국방 정보와 홍보
⑤ 특정대상: 노인, 노인 생활문화, 농어민, 실향민, 이산가족
⑥ 경제정보: 비즈니스 정보, 증권, 디지털 비즈니스
⑦ 교양: 교양, 다큐멘터리, 환경
⑧ 교육: 교육, 수능교육, 어린이, 직업, 자격증, 영어, 유아, 육아, 화훼, 교육정보
⑨ 종교: 기독교, 불교, 천주교, 증산도
⑩ 취미: 낚시, 댄스, 레저, 레포츠, 바둑, 여행, 애완동물
⑪ 드라마: 드라마
⑫ 만화: 만화, 애니메이션
⑬ 스포츠: 골프, 스포츠
⑭ 영화: 영화, 영화 연예정보
⑮ 오락: 연예정보, 가족 문화, 공연(매직/서커스), 오락, 코미디, 버라이어티쇼
⑯ 음악: 음악
⑰ 게임: 게임, 게임쇼
⑱ 문화: 국가별 문화(일본 문화, 중국 문화, 한국 문화 등), 미술, 문화예술
⑲ 정보: 시민 액세스, 건강의료, 법률, 생활, 의료/건강, 의회,

이벤트, 인터넷, 건설, 부동산 정보, 방송 프로그램 가이드, 자동차, 한방, 정보오락, 지방자치, 창업/취업, 생활여가, 식문화와 생활정보, 요리/건강, 여성, 패션/뷰티

전광판 방송 사업자

상시 또는 일정 기간 계속하여 전광판에 보도를 포함하는 방송프로그램을 표출하는 방송 사업자를 말한다.

인터넷 멀티미디어 방송 제공 사업자(IPTV)

통신사업자(㈜케이티(olleh tv), 에스케이브로드밴드㈜(B tv), ㈜LG유플러스(U+ tv)의 초고속 인터넷망과 IP 셋톱박스를 통해 실시간 지상파 방송과 다채널 방송, 데이터 방송과 VOD 서비스를 제공하는 사업자를 말한다.

2. 방송 사업 종사자의 직종

임원

임원은 대표이사, 회장, 사장, 전무, 상무, 이사 등의 직책을 가진 사람을 말한다. 이사의 경우, 비상근 등기 이사는 제외한다.

경영직

인사, 재무/회계, 기획, 경영, 관리 등의 사무 관련 업무를 담당하는 사람을 말한다(2013년 방송 산업 실태조사 '관리/행정직'의 명칭 변경).

방송직의 기자

방송 기자, 카메라 기자, 편집 기자를 말한다.

방송직의 제작 관련

카메라, 영상, 음향, 조명, 미술, 편집, 출연자 등의 업무를 담당하는 사람을 말한다. 2006년 보고서에는 '방송기술'로 표시되어 있다.

방송직의 기타

성우, 작가, 리포터, 제작지원 등의 업무를 담당하는 사람을 말한다.

기술직

조정실, 송출, 중계(중계팀 중 영상, 음향, 조명 등의 제작 관련 업무를 맡은 인원은 방송직의 '제작 관련'에 포함) 등의 업무를 담당하는 사람을 말한다. 방송사별로 건축, 전기, 통신, 설비, 항공, 수신기술 등의 업무를 담당하는 인력이 포함된다.

데이터 방송 채널 사용 사업자의 연구 개발직

데이터 방송의 기획, UI디자인, 프로그래밍, 테스트, 운영 등의 업무를 담당하는 인원을 말한다.

3. 방송 편성과 서비스 관련 용어

본방송

조사시점과 관계없이 제작 또는 구매 후 최초 방송되는 프로그램을 의미한다.

장애인 시청취 지원 방송 유형

① 자막방송: 청각 장애인들을 위해 텔레비전 프로그램의 청각 메시지를 전자코드 형태로 변환 전송하여, 텔레비전 화면에 자막으로 나타나게 하는 서비스를 실시하는 프로그램이다.
② 화면 해설방송: 시각 장애인들을 위해 프로그램 인물들의 행동, 의상, 몸짓과 기타 장면의 상황 변화 요소들을 음성으로 설명하는 서비스를 실시하는 프로그램이다.
③ 수화방송: 청각 장애인들을 위해 화면 안에 또 하나의 분리된 화면을 통해 프로그램의 청각 메시지를 수화로 통역하는 서비스를 실시하는 프로그램이다.

시청자 제작 프로그램

종합 유선 방송사가 방송권역 내의 지역 주민과 지역 공공 기관(시·구청 등)이 제작하여 제공한 방송 프로그램을 지역 채널을 통해 방송하는 것을 말한다.

디지털(HD) 프로그램 편성 비율

전체 방송 시간 대비 디지털(HD) 프로그램 방송 시간의 비율을 말한다.

온라인 인터넷 서비스

방송 사업자가 운영하는 인터넷 홈페이지 서비스(모바일 전용 웹사이트 포함)를 말한다.

① 연 전체 페이지 뷰(PV): 방송 사업자의 인터넷 홈페이지를 클릭하여 열어본 횟수로 사이트의 사용자 행태를 분석하고 광고 단가를 결정하는 기준이 된다.

모바일 어플리케이션 서비스

방송 사업자가 무선 기기(휴대전화, 태블릿 PC 등)에 다운로드받아 이용할 수 있도록 제공하는 어플리케이션 서비스를 말한다.

① 운영 애플리케이션(application) 수: 방송 사업자가 제공하고 있는 무선 애플리케이션(무선 기기에 탑재되는 인터넷 접속, 뉴스, 동영상, 음악 재생, 게임 등의 응용 프로그램)의 수를 말한다.
② 다운로드(download) 수: 방송 사업자가 현재 운영하고 있는 애플리케이션을 이용자가 개인 기기에 내려받은 총 수를 말한다.

소셜 네트워크 서비스(SNS)

방송 사업자가 이용하는 온라인 인맥 구축 서비스로 트위터, 페이스북, 미투데이 등의 서비스를 말한다.

신문 잡지 등 기사 자료

• 〈dream 10〉 2013. 5. 천재교육 매거진

• 〈분야별 업무소개〉 KBS

• 〈영화사전〉 2004. 9. 30. propaganda

• '분야별 업무소개' – KBS

• 〈2014 미래의 직업세계〉 한국직업능력개발원. 교육부

• 〈2015 미래의 직업세계〉 해외 직업 편. 2015. 1. 30. – 한국직업능력개발원 · 교육부

• 〈2015 방송영상산업백서〉 한국 콘텐츠진흥원

• 〈공영 방송〉 정윤식. 2014. 커뮤니케이션북스

• 〈미디어 오늘〉 1996. 7. 10.

• 〈방송연출 커리큘럼〉 KBS 방송 아카데미

• 〈방송영상산업백서〉 2015. 한국 콘텐츠진흥원

• 〈방송정책〉 정윤식. 2013. 2. 25. 커뮤니케이션북스

• 〈세계 방송사〉 윤홍근. 커뮤니케이션북스

• 〈영상 콘텐츠 제작 사전〉 이영돈. 2014. 9. 17. 커뮤니케이션북스

• 〈조명 감독 직무분석〉 2002. 한국직업능력개발원

• 〈중국, 방송국만 300개… 세계 최대 방송 역량〉 2014. 1. 6. MBC.

• 〈한국 방송사〉 윤홍근. 2013. 2. 25. 커뮤니케이션북스

• 〈한국민족문화대백과〉 한국학중앙연구원

• 2015 방송산업 실태조사. 미래창조과학부. 방송통신위원회

• 2015 방송영상산업백서. 한국 콘텐츠진흥원

• 2015 한국직업전망 고용노동부

• imbc.com

• KBS 홈페이지

• MBC 홈페이지

• 고용노동부 한국 직업사전

• 내일을 위한 수다 – 고용노동부 공식 블로그

• 네이버 기관단체사전: 기업

• 두산백과 두피디아

• 매거진 〈DREAM10〉 2010.12. 천재교육

• 워크넷

• 월간 〈topclass〉 2014. 4.

• 위키백과

• 커리어넷

• 한국민족문화대백과 한국학중앙연구원

• 한국방송협회

• 한국영상대학교 영상편집학과 홈페이지

사이트

- 위키피디아 http://en.wikipedia.org/wiki/BBC
- BBC 기업 웹 사이트 http://www.bbc.co.uk
- BBC 연차 보고서 http://www.bbc.co.uk/annualreport/download
- KBS 홈페이지 www.kbs.co.kr
- MBC 홈페이지 www.imbc.com
- SBS 홈페이지 www.sbs.co.kr
- 고용노동부 한국 직업사전 www.work.go.kr
- 위키백과 ko.wikipedia.org
- 커리어넷 www.career.go.kr

각종 보고서 및 논문

- 〈KBS 텔레비전 방송50년〉 KBS 방송문화연구소(2012년)
- 〈2014 미래의 직업세계〉 한국직업능력개발원 · 교육부
- 〈2015 미래의 직업세계 – 해외 직업 편〉 한국직업능력개발원 · 교육부
- 〈2015 방송영상산업백서〉 한국 콘텐츠진흥원
- 〈2015 방송산업 실태조사〉 미래창조과학부 · 방송통신위원회
- 〈2015 한국직업전망〉 고용노동부
- 〈2016년도 방송통신위원회 연차보고서(국문)〉 방송통신위원회
- 〈국내 텔레비전 채널 브랜드의 인지도와 이미지 분석 연구〉 김정현(2008년)《한국광고홍보학보》11권 1호, 45∼49.

단행본

- 〈공영 방송〉 정윤식, 커뮤니케이션북스
- 〈권력변환, 한국 언론 117년사〉 강준만, 인물과 사상사
- 〈방송연예산업경영론〉 심희철, 북코리아(Bookorea)
- 〈방송작가가 말하는 방송작가〉 이정란 등, 부키
- 〈방송정책〉 정윤식, 커뮤니케이션북스
- 〈방송편성론〉 강대인 · 김영임 · 한진만 공저, 한국방송대학교출판부
- 〈세계 방송사〉 윤홍근, 커뮤니케이션북스
- 〈세계 방송의 거인들〉 김우룡, 김해영, 커뮤니케이션북스
- 〈아나운서&방송인 취업 성공 매뉴얼〉 박민영, 한스에듀
- 〈영상 콘텐츠 제작 사전〉 이영돈, 커뮤니케이션북스
- 〈차세대 방송통신융합산업 실태와 기술개발 동향〉 편집부, 데이코산업연구소

Broadcast

사진 및 이미지 출처

11p
KBS
wikipedia.org

18p
pixabay
https://pixabay.com/ko/%EC%98%81%EA%B5%AD-
bbc-%EB%B0%A9%EC%86%A1-%EC%8A%A4%
EC%BD%94%ED%8B%80%EB%9E%9C%EB%93
%9C-%EC%82%AC%EB%AC%B4%EC%8B%A4-
%EA%B8%80%EB%9E%98%EC%8A%A4%E
%A0-960987/

19~21p
BBC 홈페이지
bbc.co.uk

24p
NBC 스포츠 그룹
http://www.sportsvideo.org/2013/08/16/nbc-
sports-group-kicks-off-barclays-premier-league-
era/

26p
CBS
http://hiddenremote.com/2016/04/05/15-facts-
about-american-idol-you-may-not-know/

http://variety.com/2016/tv/news/cbs-evening-
news-weekend-cbsn-elaine-quijano-reena-
ninan-1201764635/

28p
CNN
https://thespinoff.co.nz/media/22-03-2016/how-
new-zealands-peter-arnett-the-worlds-greatest-
war-correspondent-found-peace-at-last/

29p
wikiwand
http://www.wikiwand.com/ja/NHK%E5%BC%98%E5
%89%8D%E6%94%AF%E5%B1%80

30p
NHK
http://www.enewstoday.co.kr/news/articleView.
html?idxno=644944

32p
CCTV
https://www.thedailypost.kr/news/41997
http://china.dwnews.com/big5/news/2015-02-
19/59636731.html

35p
Morio
CCTV_Headquarters_2015_August- BY Morio

38p
한국민족문화대백과
http://terms.naver.com/entry.nhn?docId=566579&ci
d=46668&categoryId=46668

38p
행정안전부 국가기록원
http://theme.archives.go.kr/next/photo/broadcast.
do

40p
행정안전부 국가기록원
http://theme.archives.go.kr/next/photo/broadcast.
do?page=1

41p
KBS1
https://www.instiz.net/pt?no=1811666&page=1

42p
TV CF
http://news.chosun.com/site/data/html_
dir/2017/04/10/2017041001956.html

43p
IPTV
https://iptv-shop.net/

44p
머니투데이
http://news.mt.co.kr/mtview.php?no=2010031909
404634640&outlink=1&ref=http%3A%2F%2Fnews.
naver.com

44p
행정안전부 국가기록원
http://theme.archives.go.kr/next/photo/broadcast.
do?page=1

45p
행정안전부 국가기록원
http://theme.archives.go.kr/next/photo/gallery.do?high_menu_id=9390009800#gallery-current-47

47p
KBS
http://www.maniadb.com/album/157142

48p
KBS
http://news.kbs.co.kr/news/view.do?ncd=3046291

49p
행정안전부 국가기록원
http://theme.archives.go.kr/next/photo/broadcast.do?page=1

50p
MBC
http://www.newspim.com/news/view/20130202000148

53p
SBS 홈페이지
www.sbs.co.kr

52~53p
EBS 홈페이지
www.ebs.co.kr

56p
종합편성채널 화면 캡처
http://www.newscj.com/news/articleView.html?idxno=105985

57p
JTBC 뉴스룸
http://www.mediaus.co.kr/news/articleView.html?idxno=88614

10대를 위한

직장의 세계 2 방송국

초판 1쇄 발행 2018년 7월 25일

저　　자 | 스토리텔링연구소
발 행 인 | 신재석
발 행 처 | **(주)삼양미디어**
등록번호 | 제10-2285호
주　　소 | 서울시 마포구 양화로 6길 9-28
전　　화 | 02-335-3030
팩　　스 | 02-335-2070
홈페이지 | **www.samyang𝓜.com**
I S B N | 978-89-5897-356-0(44370)
　　　　　978-89-5897-355-3(44370)(6권 세트)